COMPETITION
FOR THE REORGANIZATION
OF HISTORICAL SPACE 2020

歴史的空間再編コンペティション2020

第9回「学生のまち・金沢」設計グランプリ アーカイブ
The 9th "Student's City/Kanazawa" Design Grand Prix Archive

学生団体SNOU 編

本コンペは、
歴史的空間のストックを活かした新たな価値を創造するとともに、
多くの学生が集い、交流を深めて行く中で、
学生のまち·金沢の魅力を
全国に発信することを目的としています。

委員長挨拶

さまざまな時代の建築や工芸などの文化が積層する金沢の地で、歴史的空間の再編を全国の学生とともに考えようという想いから始まった本コンペティションも今年で9回目を迎えました。コロナ禍という状況の中、慎重に開催方法を検討した結果、今回は残念ながら対面形式での審査は行わず、リモート形式での審査となりました。そのような状況にも関わらず、167作品という過去最大の応募数となりましたことを心より嬉しく思います。

歴史的空間再編コンペティションが始まった9年前に比べても、本コンペのテーマの重要性がさらに増していると感じています。このコンペを通して、それぞれの地域が持つ魅力や価値、さらにはそこが抱える課題などを、時間軸を持った目で見据え、真摯に向き合い現代的な価値として再編していくことが、建築に携わる者に求められている点であることを、改めて感じていただけたらありがたいと考えています。

今回は、参加者に金沢の地に集まってもらえることはできず、リモートという形になりましたが、非常に高いレベルの作品が集まり、内容の濃い議論ができました。本コンペでは、一つひとつの提案が一過性のものではなく、継続した議論の苗床となるよう、出展作品のアーカイブ化を行いながら知識や情報の蓄積も図っています。本アーカイブの大きな特徴とも言える「歴コン」MAPには、本コンペに応募された全国各地の魅力的な歴史的空間が紹介されています。是非これらの多様な歴史的空間を見ながら、新たな価値を生み出す再編について想いを馳せてみて下さい。

最後になりましたが、本コンペ開催及びアーカイブの出版に際し、ご協力、ご協賛いただいた関係各位、企画・運営に携わって下さった学生団体SNOUの皆様に心から感謝を申し上げるとともに、今後とも一層のご支援をいただきますようお願いいたします。

歴史的空間再編学生コンペ実行委員会 委員長
金沢工業大学 准教授

宮下 智裕

学生団体SNOU代表挨拶

歴史的空間再編コンペティション〜「学生のまち・金沢」設計グランプリ〜は、第9回を迎えました。“金沢の歴コン”として根付いてきたことで、全国から洗練された作品の出展が増え、今年度も白熱した大会となりました。

今年度は、オンライン開催となり、例年SNOU企画として行われている建築ツアーが中止になったため、“木の文化都市金沢”をテーマに、私たち学生団体SNOUが、金沢に存在する木造建築を紹介する動画を新たに作成しました。また、“木・木材・木質化からみた歴史的空間再編”をテーマに展開された「記念講演&トークセッション」は、“歴史的空間の再編”に直結する貴重な意見交流の場となりました。さらに、今年度はプレゼン部門・模型部門・パース部門のSNOU賞3部門並びに最優秀SNOU賞を選出しました。本コンペの運営を行ってきた立場として学生の視点から作品の評価を行うもので、私たちにとっては作品への理解が深まるとともに、改めてコンペのテーマ・意義について考える機会となりました。受賞者の方々へは、記念品として北陸の作家による作品を贈呈させていただきました。全国の学生の皆さまが石川の伝統工芸の良さを知り、石川の芸術・文化が広まるきっかけとなることを期待しています。

最後になりましたが、本コンペの開催にあたり、ご協力、ご協賛いただいた関係各位に深く感謝申し上げます。歴史的空間再編コンペティションがより良い議論の場、交流の場となるべく、一層の努力を続けて参りますので、今後ともご支援を賜りますようよろしくお願いいたします。

2020年度 学生団体SNOU代表

丸山 大樹

目次

開催理念

金沢市は学術文化都市として発展してきました。学生がまちなかに集い、
市民と交流する姿は、「学生のまち・金沢」のにぎわいと活力の象徴となっています。
学都金沢としての伝統と誇りを継承発展させるために、平成22年に全国に先駆けて、
「金沢市における学生のまちの推進に関する条例」を制定し、
「学生のまち・金沢」を全国に発信しています。

金沢のまちは、時代の重層した歴史的空間をその都市構造とともによく残しています。
その個性的な空間を舞台に、固有の文化・芸術が育まれてきました。
歴史的なまちなみと人々の暮らしや文化が積極的にまちづくりに生かされています。

本コンペティションは、「学生のまち・金沢」「歴史都市・金沢」に全国の学生が集い、
歴史的な空間との対話を通して、学び合い競い合うことで、
新しい価値が生まれる学びの場をつくろうとするものです。

［テーマ］ **歴史的空間の再編**
※金沢だけにとどまらず全国を対象とします

［キーワード］ 「歴史文化遺産(建築、まちなみ、景観)」、「無形文化遺産(祭り、芸能、人)」、「近代産業遺産」、「農業遺産(里山、里海)」、「ものづくり」、「民芸・工芸」、「エコロジー」、「サステナビリティ」、「リージョナリズム」、「リノベーション」、「コンバージョン」、「ノスタルジー」、「系譜学」など

［主　催］ 歴史的空間再編学生コンペ実行委員会／金沢市

［日　時］ 一次審査：2020年10月13日(火)
本 審 査：2020年11月22日(日)

［会　場］ 金沢学生のまち市民交流館(審査員のみ)
※新型コロナウイルス感染拡大防止のためオンライン開催となりました

［賞　金］ **グランプリ** …………… **30万円**
準グランプリ ………… **15万円**
第3位 …………………… **5万円**

大会プログラム

2020年11月22日(日)

場所:金沢学生のまち市民交流館 交流ホール(オンライン配信)

9:15〜9:40

開会式

審査員や協賛企業を紹介。また開催にあたり、金沢市の山野之義市長や主催者を代表して宮下智裕委員長よりご挨拶をいただく。

▷

9:40〜10:40

二次審査 ディスカッション

一次審査を通過した作品を対象に審査員が公開審査を行う。ファイナルプレゼンテーションに進出する10作品と、11位から20位までの順位が決まる。

▷

10:55〜12:45

記念講演& トークセッション

「木・木材・木質化からみた歴史的空間再編」をテーマに、講演者に腰原幹雄氏、長谷川豪氏、松田法子氏、モデレーターに松田達氏、コメンテーターに塚本由晴氏、宮下智裕氏を迎え議論する。

▷

審査方式

一次審査

(審査員6名)

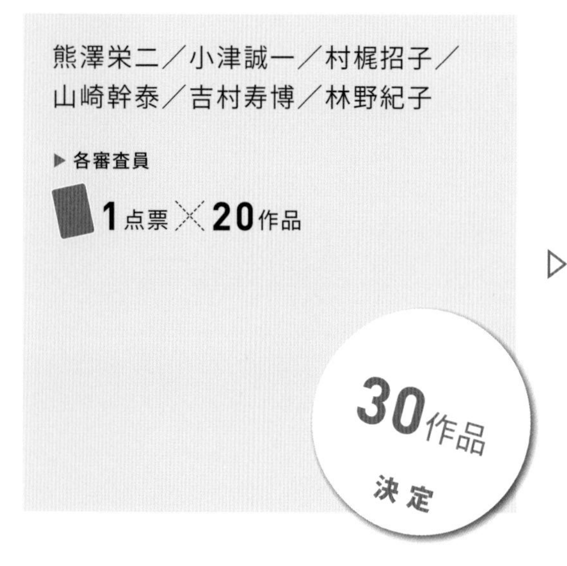

▷

二次審査

(審査員6名)

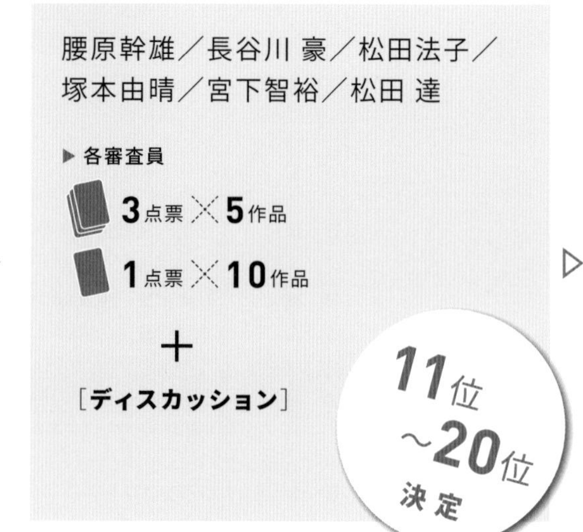

▷

13:45
〜
18:00

ファイナル プレゼンテーション& ディスカッション

上位10作品の出展者によるプレゼンテーション、質疑応答を経て、グランプリを決める最終審査の議論を行う。

表彰式&閉会式

最終審査の議論により決定した審査結果を発表し、各審査員から講評をいただく。また、受賞者からのコメントをいただく。

ファイナルプレゼンテーション&ディスカッション
(審査員6名)

腰原幹雄/長谷川 豪/松田法子/塚本由晴/宮下智裕/松田 達

▶ 10選出展者
[**プレゼンテーション**(2分30秒) + **質疑応答**(7分)]

▶ 各審査員
5点票×**2**作品　**4**点票×**2**作品
3点票×**2**作品　**2**点票×**2**作品
1点票×**2**作品

＋
[**ディスカッション**]

**歴コン公式
YouTubeチャンネル
「歴コンch」**

当日配信した大会の映像を公開中!
視聴はコチラから!

▼ ▼ ▼

歴コンアーカイブ展

日時: 11月9日(月)〜11月22日(日)
場所: 金沢駅地下広場ライトコート
主催: 歴史的空間再編学生コンペ実行委員会/金沢市

過去の歴コン上位作品を紹介するパネルを展示。2019年度のファイナリストたちの作品を通じて、「歴史的空間の再編」をたどる。併せて、歴コンや学生団体SNOUの紹介、石川県ゆかりの作品も展示し、コンペだけでなく地域の魅力も発信している。

審 査 員 紹 介

建築家と構造、建築史の専門家の6名が二次審査、ファイナルプレゼンテーションにて、
多様な角度から出展作品を鋭く批評する。

審 査 員

腰原 幹雄

—

Mikio Koshihara

—

東京大学生産技術研究所
教授

1968年　千葉県生まれ

1992年　東京大学工学部建築学科卒業

2001年　東京大学大学院博士課程修了
（工学博士）

構造設計集団<SDG>、東京大学大学院助手、同大学生産技術研究所准教授を経て、2012年より東京大学生産技術研究所教授。NPO team Timberize理事長。

主な作品（構造設計）

「下馬の集合住宅」、「幕張メッセペデストリアンブリッジ」、「八幡浜市立日土小学校耐震改修」、「油津 堀川運河 夢見橋」、「金沢エムビル」、他

受賞歴

第6回木の建築賞 木の建築大賞（八幡浜市立日土小学校耐震改修、2009）、土木学会デザイン賞 最優秀賞（「油津 堀川運河」、2010）、日本建築学会賞（業績 2012）、World Monuments Fund/Knoll Modernism Prize（2012）、都市住宅学会 業績賞（2013）、愛媛出版文化賞 第1部門（研究・評論 2017）、第39回石膏ボード賞 特別功労賞（2017）、第12回日本構造デザイン賞 松井源吾特別賞（2017）

主な著書

「日本木造遺産」（共著、世界文化社）、「都市木造のヴィジョンと技術」（共著、オーム社）、「感覚と電卓でつくる現代木造住宅ガイド」（彰国社）

審査員

長谷川 豪

—

Go Hasegawa

—

長谷川豪建築設計事務所

1977年	埼玉県生まれ
2002年	東京工業大学大学院修士課程修了、西沢大良建築設計事務所入所
2005年	長谷川豪建築設計事務所設立
2009〜11年	東京工業大学非常勤講師
2012〜14年	メンドリジオ建築アカデミー客員教授
2014年	オスロ建築デザイン大学客員教授
2015年	東京工業大学大学院博士課程修了（工学博士）
2016年	カルフォルニア大学ロサンゼルス校（UCLA）客員教授
2017・19年	ハーバード大学デザイン大学院（GSD）客員教授

受賞歴

SDレビュー 2005 鹿島賞、平成19年東京建築士会住宅建築賞 金賞、第24回新建築賞（現・吉岡賞）、AR Design Vanguard 2014

主な著書

『考えること、建築すること、生きること』（LIXIL出版 2011）、『Go Hasegawa Works 長谷川豪作品集』（TOTO出版 2012）、『長谷川豪カンバセーションズ』（LIXIL出版 2015）、『a+u 556 Go Hasegawa』（a+u 2017）、『El Croquis 191 - Go Hasegawa 2005/2017』（El Croquis 2017）

審査員

松田 法子

—

Noriko Matsuda

—

京都府立大学大学院 准教授

1978年生まれ。2006年、京都府立大学大学院博士後期課程修了。博士（学術）。東京大学大学院工学系研究科建築学専攻客員研究員、同学術支援専門職員などを経て現職。専門は建築史・都市史・領域史。
国際芸術祭「さいたまトリエンナーレ2016 さいたまスタディーズ」基本計画・リサーチ・レクチャー・展示（2015〜16）、企業メセナ協議会「This is MECENAT」・「メセナアワード」選考委員（2016〜18）、京都市環境影響評価審査会委員（2015〜）などを務める。

受賞歴

日本観光研究学会賞（論文 2009）、朝日山公園整備コミュニティデザインプロポーザルコンペティション 最優秀提案者（槻橋修・福岡孝則・ティーハウス建築設計事務所等と共同 2014）、青葉山公園（仮称）公園センター等設計業務に係る公募型プロポーザル 最優秀提案者（槻橋修・福岡孝則・ティーハウス建築設計事務所などと共同 2017）

主な著書

『絵はがきの別府』（2012）、『建築雑誌』特集「都市史から領域史へ」（編集 2015）、『危機と都市 -Along the Water』（編著 2017）、『世界建築史 15講』（共著 2019）、『フリースラント オランダ低地地方の建築・都市・領域』（共著 2020）、『変容する都市のゆくえ 複眼の都市論』（共著 2020）

審査員

塚本 由晴

Yoshiharu Tsukamoto

東京工業大学大学院 教授
アトリエ・ワン

1965年	神奈川県生まれ
1987年	東京工業大学建築学科卒業
1987〜88年	パリ建築大学ベルビル校(U.P.8)
1992年	貝島桃代とアトリエ・ワン設立
1994年	東京工業大学大学院 博士課程修了

Harvard GSD、UCLA、Royal Danish Academy of Arts、Barcelona Institute of Architecture、Cornell University、Columbia University、TUDelftなどで客員教授を歴任。

主な作品

「ハウス&アトリエ・ワン」(2006)、「みやしたこうえん」(2011)、「BMW Guggenheim Lab」(2011)、「Logements Sociaux Rue Ribiere, Paris」(2012)、「恋する豚研究」(2012)、「尾道駅」(2019)

主な展覧会

「いきいきとした空間の実践」(ギャラリー間、2007)、「Tokyo Metabolizing」(ベニスビエンナーレ日本館、2010)

主な著書

『メイド・イン・トーキョー』(鹿島出版会)、『ペットアーキテクチャー・ガイドブック』(ワールドフォトプレス)、『図解アトリエ・ワン』(TOTO出版)、『Behaviorology』(Rizzoli New York)、『WindowScape』(フィルムアート社)、『コモナリティーズ ふるまいの生産』(LIXIL出版)、他

審査員

宮下 智裕

Tomohiro Miyashita

金沢工業大学 准教授

1968年	静岡県生まれ
1991年	芝浦工業大学建築学科卒業
1993年	芝浦工業大学大学院工学研究科 修士課程(建設工学専攻)修了
1997年	南カリフォルニア建築大学 (SCI-Arc)大学院修士課程修了
1999年	芝浦工業大学大学院博士課程 工学研究科修了
2002年	金沢工業大学環境・建築学部 建築学科講師
2007年〜	金沢工業大学環境・建築学部 建築学科准教授

受賞歴

金沢市都市美文化賞
(「アルミハウスプロジェクト」、2009)

Low Carbon Life-design Award 2009
「環境大臣賞」(「ATATA−KAYA」、2009)

北米照明学会
IES ILLUMINATION AWARD 2010(2009)

(社)アルミニウム協会賞「開発賞」
(「アルミハウスプロジェクト」、2010)

日本建築家協会環境建築賞(「A-ring」、2011)

第11回JIA環境建築賞 入賞
(「A-ring」、2011)

第4回サスティナブル住宅賞 優秀賞
(「A-ring」、2011)、他

主な著書

『金沢らしさとは何か?』(北國新聞社 2015)、『境界線から考える都市と建築』(鹿島出版会 2017)

審 査 員

松田 達

Tatsu Matsuda

静岡文化芸術大学 准教授
松田達建築設計事務所

1975年	石川県生まれ
1997年	東京大学工学部都市工学科卒業
1999年	東京大学大学院工学系研究科 建築学専攻修士課程修了
2001年	隈研吾建築都市設計事務所勤務
2002年	文化庁派遣芸術家在外研修員 としてパリにて研修
2005年	パリ第12大学大学院 パリ都市計画研究所 DEA課程修了
2007年	松田達建築設計事務所設立
2015～20年	武蔵野大学専任講師
2020年～	静岡文化芸術大学准教授

主な作品

「リスボン建築トリエンナーレ日本帰国展」
会場構成

「フラックスタウン・熱海」
(今村創平、大西正紀、田中元子と協働)

「JAISTギャラリー」(林野紀子との共同設計)、他

受賞歴

第16回木材活用コンクール 木質デザイン特別賞
(「JAISTギャラリー」)

第42回いしかわインテリアデザイン賞2013
石川県知事賞(「JAISTギャラリー」)

日本商環境デザイン協会
JCDデザインアワード2013　BEST100入選

日本空間デザイン協会
DSA Design Award 2013　空間デザイン賞、他

主な共著書

『記号の海に浮かぶ〈しま〉(磯崎新建築論集2)』(岩波書店 2013)、『ようこそ建築学科へ! 建築的・学生生活のススメ』(学芸出版社 2014)、『建築系で生きよう。若い人に聴いて欲しい本音トーク』(総合資格 2015)、他

ファイナルプレゼンテーション 司会

林野 紀子

Noriko Rinno

金沢大学、金沢美術工芸大学
非常勤講師
りんの設計一級建築士事務所
歴史的建造物修復士

1997年	東京大学文学部美術史学科卒業
2000年	東京大学工学部建築学科卒業
2000～03年	阿部仁史アトリエ勤務
2005年	東京大学大学院修士課程修了
2005年	林野紀子建築設計事務所設立 (金沢市・甲府市)
2009年	ベルギーゲント市滞在のため 事務所休止 ※Gent univ.及びA+の協力を得てフランドル地方の現代建築調査を行う
2012年	事務所名変更 (りんの設計一級建築士事務所)

主な作品

「JAISTギャラリー」
(松田達建築設計事務所との共同設計 2012)

「哲学者の家」(2012)

金澤町家保存改修事業

受賞歴

第16回木材活用コンクール・木質デザイン特別賞
(「JAISTギャラリー」)

第42回いしかわインテリアデザイン賞2013
石川県知事賞(「JAISTギャラリー」)、他

主な共著書

『ようこそ建築学科へ! 建築的・学生生活のススメ』(学芸出版社 2014)

オンライン審査特別企画

記念講演事前セミナー

テーマ

『木の文化都市金沢』

戦災や大きな災害を免れた金沢には、加賀藩政期から現代に至るまで、木造建築が数多く残っています。
そこで、記念講演の事前知識として、金沢の木の文化について、学生団体SNOUが2本の動画を作成しました。記念講演前に視聴することで、先生方の講演について理解を深めることができます。
また、木の文化について、自分なりの解釈が生まれると幸いです。

▶▶ Video Contents 01

金沢の木造建築の紹介

金沢には、古くから残るものや、現代になって新しく建てられた木造建築が数多く存在しています。今回、記念講演にてご登壇いただく腰原幹雄先生が構造設計をされた、日本初の木造ビル「金沢エムビル」もそのうちの一つです。Video Contents 01では、金沢を訪れることが難しい皆さまのために、SNOUが金沢の木造建築を紹介します。

成巽閣
1863(文久3)年、前田家の奥方のために建てられたこの建物は当初、巽御殿と呼ばれていました。成巽閣は武家書院造と数寄屋風書院造を一つの棟の中に組み入れた巧みな様式を持つ建造物であり、江戸時代末期の武家造の遺構としては類例のないものとして高い評価を得ています。また、大名正室の御殿としては、日本国内に唯一現存する建造物となっています。[1)]

▶▶ Video Contents 02

加賀藩のテリトーリオの観点から考える金沢の木の文化

戦災や、大きな災害を免れた金沢は、加賀藩前田家の拠点として栄え、加賀藩政期から現代に至るまで、多くの木造建築が残っています。また、情緒溢れる古い街並みのひがし茶屋街や、土塀が連なり立派な門のある長町武家屋敷跡界隈、金沢最大規模の約70もの寺院の集まる寺町寺院群など、歴史的な街並みが広がっています。そこで、この金沢の木の文化や街並みはどのように生まれ、発展していったのかを加賀藩のテリトーリオから調査しました。Video Contents 02ではその内容を紹介します。

出典

1) 成巽閣ホームページ「成巽閣の見どころ」(http://www.seisonkaku.com/)
2) 金沢くらしの博物館ホームページ「金沢くらしの博物館の概要」(https://www.kanazawa-museum.jp/minzoku/outline/index.html)
3) 金澤町家 Gallery&Café 椋ホームページ(https://gallerymuku.com/)
4) NPO法人 金澤町家研究会「金澤町家 魅力と活用法」(能登印刷出版部、2015)

金沢くらしの博物館

1899(明治32)年に石川県第二中学校の校舎として建てられた、木造校舎を活用した博物館です。1978(昭和53)年に「金沢市民俗文化財展示館」として開館し、町家のくらしを思わせる生活用品や、戦後の大きな生活様式の変化を象徴する電化製品、金沢の人生儀礼や年中行事などに使われた品々、そして職人道具などを展示しています。2007(平成19)年に、内容がわかりやすく親しみやすい館名にしようと、「金沢くらしの博物館」と改称されました。[2]

ギャラリー&カフェ椋[3]

元々木材店として、1897(明治30)年、旧北國街道沿いに建てられた町家です。その後、路面電車開通に際する道路拡張のため、1916(大正5)年、現在地に曳き家し、その後改変されています。木材店閉店後に住居となり、後に空家となっていましたが、改修工事を行い現在の所有者が経営するギャラリーとして生まれ変わっています。1階はギャラリーのほか、庭を見ながらお茶を楽しめるカフェを併設しています。建具を外すと一続きの空間となり、その大空間を利用してさまざまなコンサートが開かれています。[4]

歴史的空間再編コンペティション公式 YouTubeチャンネル『歴コンch』で視聴できます

Video
Contents
01

**金沢の
木造建築の紹介**

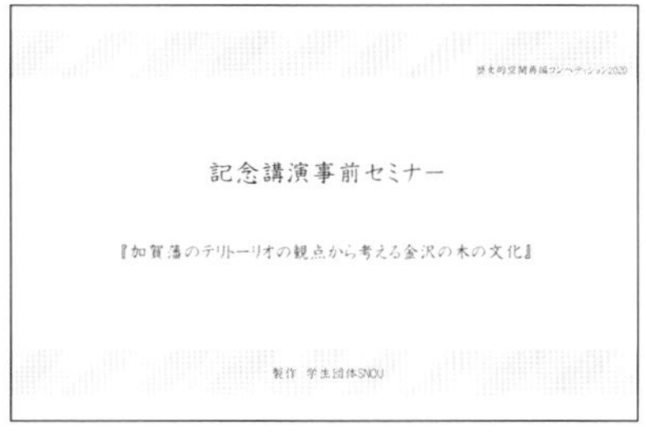

Video
Contents
02

**加賀藩のテリトーリオ
の観点から考える
金沢の木の文化**

[記念講演 & トークセッション]

木・木材・木質化からみた歴史的空間再編

[日 時] 2020年**11**月**22**日(日) ●10:55～11:50 **記念講演** ●11:55～12:45 **トークセッション**
[場 所] 金沢学生のまち市民交流館 交流ホール(オンライン配信)

[講演者]
腰原 幹雄
東京大学生産技術研究所 教授
×
長谷川 豪
長谷川豪建築設計事務所
×
松田 法子
京都府立大学 准教授

[モデレーター]
松田 達
静岡文化芸術大学 准教授／松田達建築設計事務所

[講 演]

都市に木造建築を

腰原 幹雄

▶ 木造の新しい可能性を模索「都市木造」の登場

東京大学の腰原です。今日はよろしくお願いします。歴史的空間というと、併せてテーマとして「木造」というものがあるということで、その話を少しさせていただきたいと思います。歴史的空間という意味では、日本は木造文化が長くて、法隆寺が1400年前から木造建築としてあるため、なんとなくこういう風景が日本の木造文化ということになります。でも、それだけが木造文化ではなくて、それから現代までつながっている部分があるわけで、これだけで終わりにするのは嫌だなというところです。木造というのは少ししがらみが多く、「木造とはこういうものだ」というのをいろいろな人が自分の価値観で持っているので、余計なことをやると怒られたりもするため、今は大学とは別にTimberizeという活動をしていて、伝統や慣習にとらわれることなく木・木造の新しい可能性を模索し

［概 要］
日本は古くから木と密接な文化を持つが、近年、S造やRC造の建物が主流となり、木造は減少の一途をたどっている。一方、多くの木造建築が残る金沢では、木の文化の継承とともに、木造の新しい可能性への試みも始まっている。また、持続的な森林の保全には国産材の需要拡大が必要であり、「カーボンニュートラル」という、木材を活かした地球温暖化防止及び循環型社会の形成への貢献も期待される。日々変化する現代社会において、木の文化や可能性が今後の建築物とどう関わり、新たな都市空間を豊かなものへと変えていけるのだろうか。

人が少ないのに大きい木造建築が残っている、地方での歴史的な空間をどのように考えるか。

ようとしています。ここで、伝統や慣習といったような話でいくと少し矛盾してしまうのですが、決して軽んじようとか無視しようというわけではなくて、違う見方をする。しがらみにとらわれないでいこうというときに、木というものが新しい建築材料だと思えばどのように使うかな、ということを改めて考えてみようという組織を仕切っています。今まで、日本では建築と言えば木造建築のことを言っていたのですが、鉄筋コンクリート造と鉄骨造ができたので、わざわざ木造建築という新しい言葉ができてしまったわけです。そういう意味では今までやってきたことと、これからやっていくことの木造というのが必ずしも一緒ではないのかなというのを考えています。そんな中で出てくるのが、「都市木造」というものです。都市というものと、木造というものの組み合わせはやはり違和感があって、都市には鉄筋コンクリート造や鉄骨造の近代化の世界があって、木造は地方の文化だという感じがするのですけれど、これからは都市部でも木造ができるようになったというようなところが今日のお話です。

東京の表参道を木造のビルで埋め尽くしたらというCGがあります。このような世界ができるとしたらやるかやらないか、あるいは全部やるのか、取捨選択していくのか、というのを考えるきっかけをつくりたいなという活動をしています。そういった中で、歴史的な木造建築を見てしまうとこのようなものが出てくるのですが、表参道にこれが欲しいかというと、このようなものを新しくつくりましょうというわけではないということですね。実は近代に入って、新しい建築を木造でつくろうという時代がありました。4階建てや5階建ての生産施設として、倉庫や工場というものがつくられるわけですけれど、ある時代にこうした技術、ある産業が栄えると、その地域に大きな木造建築が建つのですが、その産業が廃れるとこういったものが、廃墟とまでは言いませんが残ってしまう。繁栄が終わってしまうと人も少ない。人が少ないのに大きい木造建築が残っているという、地方での歴史的な空間をどのように考えるか。この辺では小岩井農場は文化財になりましたけれど、なかなかこういった建物の価値観というのは資産、文化財的な視点からするとまだ評価をされていないものがあるのかなという気もしています。

▶ 都市に木造建築ができる違和感
魅力ある木造をつくる

この延長線上で、「もし都市部に密集した木造群ができたら」ということで、1950年代ぐらいの熱海の風景ですが、このような伝統木造が重高層化されて街並みになってくるとこのような風景になります。ボキャブラリーとしては、なんとなく2階建ての町家が積まれていったというもので、これでいいのか、違う変化があったのか。本当はここから進化できたはずなのですが、建築基準法ができて、このような高層の建物ができなくなったということです。一方で1980年代に集成材が導入されることによって、地方で3階建ての木造の庁舎が建てられるようになり、ドームや美術館みたいな大きな建築がつくられるようになるわけですけれど、なかなか都市部ということを考えてしまうとまだ違和感がある世界なのかなという気がしています。とは言いながらも、木を使って、新しい価値観の建築をつくろうという時代が続きまして、こういったものが一つ反

表参道の都市木造（CG）

近代木造建築（1900〜1950年）

映されているのは学校校舎というところです。最近でも木造の校舎として、鉄筋コンクリート造や鉄骨造とは違う特徴を持った建築が生まれてきました。都市部という話になってくると、やはり土地の値段がそこそこ高いので、高密度に住もうとすると多層化していくことが必要になってくるということです。実はここ金沢でも2005年に、駅の向こう側にある金沢エムビルという1階がRC造、上4層が木造のビルが日本初でできています。このビルができたときに、これは鉄骨造のビルや鉄筋コンクリート造のビルと何が違うのか、なぜわざわざ木造でつくったのかという議論があり、それが2005年です。それから次にできたのが2007年に名古屋で、高松伸さんが同じようなビルを、同じようなシステムでつくりました。ですから、都市の中に木造建築ができるというのは違和感でしかなかったのが、最近は少しずつ身近なものになってきているのかなという感じはしています。そのような中で、こういう写真を見ていくと、先ほどの鉄筋コンクリート造と鉄骨造と木造、何が違うのかというのがまだまだ見えない世界で、せっかく木造で新しい建築をつくるなら、もう少し魅力のあるものをつくっていかなくてはいけないなというところが、今進んでいる状況なのかなと思います。

一方で都市部を見てみると、先ほど言ったように地割というのは変わらないとすると、昔の町家の地割でいけば、7～8mくらいの間口に対して建物をつくろうと思うとどうしてもペンシルビルみたいなものになっていく。これが鉄骨造でつくられてきたわけですけれど、こういったものが木造で少しずつできるようになってきたというのが結果論です。頑張っていけば、7、8階建てのものも木造で実現できるようになってきていますが、どれくらいのボリュームだと、都市で木造が魅力を生むのかというところを少しずつ考えていかなくてはいけない。東京だと、先ほどの地割の倍くらいのところに7、8階建て、高さ20mくらいの建物が多くあるわけですが、木造で置き換えていくにはどのような仕組みが必要になるのか。国分寺フレーバーライフ本社ビルは、下3層が鉄骨造、上4層が木造で、鉄骨造部分には木製の外壁を持ってきて、木造部分はガラスのカーテンウォールということで、構造体と仕上げ材を使い分けていくというのも一つの課題なのかなという気がしています。

1950年頃の熱海

▶魅力と性能を満たす技術開発 歴史的空間になる木造を

木造をつくる技術としては、10階建ての木造マンションが出てきたりという形で、徐々に高層化した建物が実現できるようになってきていますが、まだこれは技術開発の発展途上にあるので、魅力付けや、これからの歴史になるような建物というものをどういう風に考えていくかというのが、今始まったところではないかなと思います。これはヨーロッパのオーストリアに建てられている6階建てのオフィスビルですけれども、木の空間が出ています。ヨーロッパの価値観というのは、構造体が針葉樹、仕上げ材が広葉樹というもので、木の空間なのですが、構造体が見えているわけではないですね。日本だとなんとなく木の上に木を貼るという文化がなくて、たぶん構造体をそのまま見せたいなというところですが、そ

オーストリアの木造ビル

中高層木造の耐火構造

の辺がヨーロッパの価値観と日本の価値観との違いです。技術開発としては、構造体を表して使うというのはハードルが高く、日本が少し遅れを取り始めてしまったかなと思います。

もう一つ、建物単独ではなくて街並みというものを考えたときに、皆さんもイメージできる街並みで、「町家の街並みはいいよね」と分かるけれども、僕らのように防災をやっている人からすると、「これは木造密集市街地で耐震性がないよね」ということになってしまう。そうすると何が問題かというと、木が露出しているから問題なのだということで、木を覆い隠してしまう、防火構造というのが都市部では出てくるわけです。これも昭和の街並みとしてはいいのかもしれませんが、やはり汚れてくるとなかなか難しい。防火対策はできたけれど木造の魅力は失われてきてしまった。さらに、「耐久性を考慮しましょう」と言って、窯業系サイディングなどの外壁を使うと、綺麗ではあるけれど、これは木造なのかなという形になってしまう。防火性能や耐久性という性能を上げていくことによって木造建築の魅力というものを失ってきたのだとすると、木造の魅力は何なのかというのを考えていくとともに、その魅力を残しながら性能を満足させる技術というのは何なのかも考えていかなくてはいけないのではないかなと思っています。先ほどのこのような風景が現代では少しノスタルジーになってしまうとすると、もう少し都市型の現代の町家ですね。2階建てぐらいではなく、3階建て、4階建てぐらいの木造ビルのような仕組みというのが現代の町家としてあるのではないかなと。そうだとすると、町家でも使われているように、構造システムや工法というものは、ある一定のルールがあって、それに内外装材を加えることによって街並みを整備していくというようなことがあるのではないのかなと思います。

ということで、木造というのは昔からつくられてきているものだけれど、現代の生活スタイルや社会システムの中で、これから将来、歴史的空間になるような新しい木造をつくっていくことも考える。そこにおいて、技術という意味ではどこでも、どのような建物でも頑張れば木造でできるようになる。どのような木造をつくっていくのかというのがあまり議論されていないので、技術開発が一段落した今、たとえば金沢なら金沢で、どのようなまちにしていきたいのか、そこに必要な技術、あるいは地域独特の技術というものを提案していただけると、僕らもそれに向かった技術開発を進められるのではないかという風に思います。

［講演］

木の可能性／柔香齢裏

長谷川 豪

▶ 4つの木の可能性 触覚や聴覚に働きかける木造

長谷川です。よろしくお願いします。僕は東京で設計事務所をやっていて、独立して16年くらいになります。今回は木から見た歴史的空間再編という大きなテーマをいただきまして、どういった話をしようかなと思ったのですが、自分の仕事を中心として、最後にそれ以外の話を少ししたいと思います。腰原先生が、鉄筋コンクリート造と鉄骨造、木造は何が最終的に違うのかという話をされていたのですが、まさに僕もその話をしたいなと思っています。「柔」「香」「齢」「裏」と、4つほど木の可能性があるのではないかと思っています。まず、「柔」ということでいうと、スチールやコンクリートにはない木の柔らかさですね。都内の小住宅ですけれど、2階の床を簀の子状にしています。トップライトを揃えて

簀の子状の床

設けてあるので、1階と2階が空気も音も風も全部つながっているような住宅で、1階に居ながら空が見えたり、2階に居ながら通りが見えたりする。構造は大野博史さんと共同することが多いのですが、この2階の床は少ししなるように設計していて、歩くとたわみを感じます。最初は少し怖いのですが、5分ぐらいすると慣れてくる。そういう足の裏の感覚というのは、堅固なスチール、コンクリートのスラブでは感じられないものです。今日の会場であるこの古い建物も廊下を歩くとミシミシという音が鳴りますが、こういう身体感覚は写真に表れない木の空間、木造の建築の魅力というものがあるのではないかという風に思っています。あとこれは、僕が想定していなかったことなのですが、大変気積が大きい住宅だということと、細かいルーバー状の建築が天井になっているので、音がすごくいいですね。お施主さんが音楽を聴いているうちに家中に気持ちよく響くことに気づいて、アーティストを呼んで年に数回小さなコンサートを開くようになりました。だから音の空間と言ってもいいかもしれません。「柔」は触覚だけでなく聴覚にも働きかけるのです。

次は最近できたゲストハウスですが、長野県に建つものです。これも同じように音について考えたプロジェクトでして、大変特殊な敷地で、尾根の先端に建っています。ヘアピンカーブの本当にU字型のピークのところに猫の額ほどの平地があって、そこに建つと眺めはいいのですが平地が非常に限られていて、どんな風に建てることができるのかを考えました。斜面に降りると建設もとても大変なので、やはり道路際に建てるしかない。でも道路はこのエリアの抜け道なので頻繁に車が走っていて、しかもカーブなので結構車の音が気になる。静かに過ごすために山に来るのだから、音のことなど気にせず安心して過ごせるゲストハウスにしたいというのが設計のスタートポイントでした。色々とスタディした結果、下の断面図のように片流れ屋根にして、道路側の軒高を非常に低く抑えて70cmにしています。もう一つやっていることとして、この屋根を鉄筋コンクリート造でつくれば遮音効果を期待できるのですが、そうすると防空壕のようなものになってしまい自然環境に対して硬すぎる。どうやったら遮音性能を担保しながら、居心地の良い、柔らかい空間をつくれるかを検討し、マッシブホルツという120幅の集成材を密実に並べる構造で屋根をつくっています。断面図のように、集成材を密実に並べてコーチボルトで止めていく、つまり現場で巨大な無垢の木の板をつくるという構造です。音の透過損失も計算しながら、道路からの遮音とその下に居るときの感覚というのを、どのように両立できるかということを考えたプロジェクトです。密実な木の屋根スラブなので非常に重いけれども、同時に柔らかい、重さと柔らかさを併せ持つ屋根。木を使うのは視覚的な効果も当然考えているのですけれども、視覚以外の感覚器官でも設計しているようなところがあります。

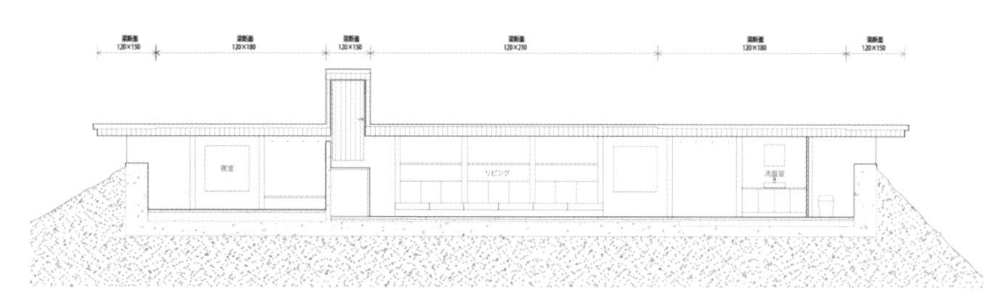

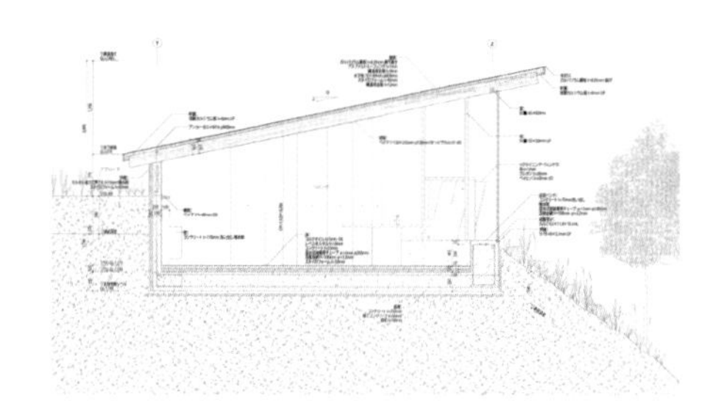

ゲストハウス断面図

▶ 匂いのある木の空間 樹齢を空間の質とする挑戦

それから次は「香」についてですが、これは吉野杉の家という奈良県の吉野町に建つ、コミュニティスペースが1階、2階にゲストハウスがある建物で、Airbnbと共同でつくったプロジェクトです。奈良の民家には大和棟という屋根のタイポロジーがあって、2つの異なる勾配の屋根を重ねる形式があるのですが、現代版大和棟をつくれないかということを考えました。吉野材と言えばとても繊細な美しい木目の吉野杉が全国的に有名ですが、吉野町にも協力していただき吉野材をふんだんに使った建物になっています。吉野川沿いの遊歩道に沿って建っていて、1階のコミュニティスペースは吉野杉を床・壁・天井に使ったカフェがあって、遊歩道に向けて縁側が設えられています。2階はAirbnbで予約して泊まることができる吉野檜で仕上げたゲストルームになっています。屋根は1階が30度で、その上に60度勾配の2階の屋根が載っていて、外から見ると1階建てに見えるのに、実は2階に非常に広々としたスペースがあるというのがコンセプトです。吉野町とのつながりは続いていて、ここによく泊まるのですが、最初にびっくりしたのが、ここに泊まって家に帰ってシャワーを浴びるときに服を脱ぐと、自分の服に檜の匂いが染みついていることに気づくんです。東京まで帰っても、ずっと木の妖精が身体を包み込んでくれている状態が続いているような気がしました。木が生きているからだと思うのですが、「匂いの空間」というものがある。これもコンクリートやスチールとは違う、木の空間の特徴として挙げられると思います。

それから「齢」ですね。やはり木というのは年齢を重ねたあとに伐採されて使われるので、生きてきた時間が視覚的にも表れる。そこもコンクリートやスチールとは全く違うところだと思います。これは途中でストップしてしまった台湾台北市のプロジェクトですが、馬蹄型の平面形状をした新富市場という建物のリノベーションです。1935年に台湾に建てられた2つ目の鉄筋コンクリート造の建物で、文化財に指定されているのですが、しばらく廃墟化していて非常に状態が悪かった。これを若者たちの集まるインキュベーション施設にしたいので、そのインテリアのデザインをして欲しいという依頼でした。ただ漏水がひどかったのと、平屋なのですが周りはビルに囲まれて、単にインテリアを少し変えるくらいで人が集まることは想像できなかったので、この屋根にもともと付いていた換気塔を抜いて、その穴に柱を通して建て、その上にテントを架ける。こうすることで漏水を克服すると同時に、屋根の上のスラブもやじろべえのような構造にすればコンクリートの躯体に積載荷重をかけずに2階建てにすることができる、という提案をしたところ、とても気に入ってもらえました。この柱に、丸太をそのまま使おうとしました。この建物と同じくらいの年齢の、樹齢75年から80年くらいの木を集めて、実際に木を発注するところまで進んだのですが、途中で市長が変わり止まってしまったプロジェクトでした。リノベーションのプロジェクトというのは、古い空間に対して何か新しい要素を対峙させる、新旧の対比というのが一つの定石だと思うのですけれど、僕がこのプロジェクトでやろうとしたのは、新旧の対比というよりも、旧旧の並置とでもいいますか、あえてコンクリートと同じ樹齢の木を室内に建てていくことで、この建物が生きてきた時間を意識できるようにしました。これもやはりコンクリートや鉄骨ではなかなかできないことで、木の年齢、生きてきた時間を空間の質とするようなチャレンジでした。

木の年齢、生きてきた時間を空間の質とするようなチャレンジでした。

▶ 木造がつくり出す空間の表／裏 柔香齢裏の可能性

それから最後は「裏」。木造の屋根というのはやはり水捌けのことを考えると勾配屋根にするのが良いわけですが、屋根の空間というのができるんですね。ここ

柱に使用する丸太

新富市場リノベーションプロジェクトの模型

からは僕の実作ではなくて、大学でリサーチしたことをお話します。去年ハーバードGSDのスタジオで、ニューオーリンズの住宅のタイポロジーをリサーチしてそれを現代的に解釈する、という課題を出しました。ニューオーリンズはフランスの植民地だったので、ヨーロッパの洋式とアメリカの木造というのが組み合わさって、非常にユニークなタイポロジーがいくつかあります。他にもいくつかあるのですが、我々はこのcreole townhouseとshotgun houseとcreole cottageの3つを選びました。なかでもcreole cottageというのは非常に面白くて、壁は木造のフレームにレンガをはめていく構法でつくられています。小屋裏の空間がユニークで、まず暖炉が断面図の中央右側にある煙突のところですが、これが1階と2階を温めていて、それからドーマー窓が2つ付いている。小屋裏は昔は倉庫だったらしいのですが、今は住宅の寝室などに使われています。外からは部屋があるように見えないけど、中に入ると大きな気積が眠っている。先ほどの吉野杉の家のコンセプトと重なりますが、木造の屋根がつくり出す空間の表／裏を上手く利用して、住宅を再構成できないかということを学生たちと考えました。

柔らかいこと、香ること、年齢を重ねていること、それから屋根を通して表／裏をつくるということ。木造の空間ということを考えたときに、この4項目あたりが、コンクリートやスチールとは違う質の空間をつくりだす可能性として見ることができるのではないでしょうか。以上になります、ありがとうございました。

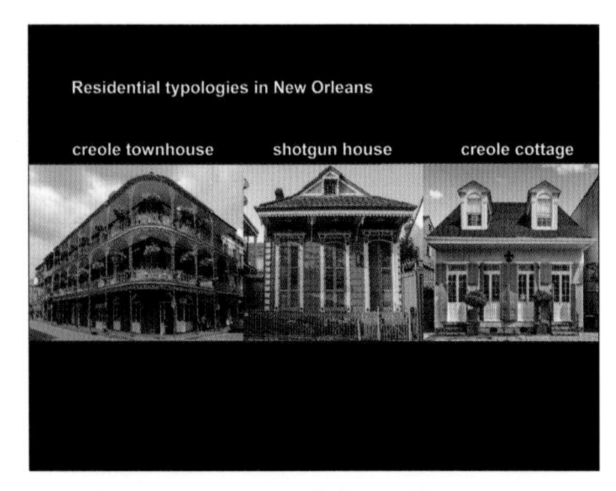

ニューオーリンズの住宅のタイポロジー

［講演］

「歴史的空間」の批評的検証
京都北山の杉丸太林業と集落空間を事例に

松田 法子

▶北山丸太と建築
中川集落の景観の変容

私は京都の山地を例に、都市、建築文化、景観と山林との関係を、「歴史的空間の再編」というこのコンペのお題と絡めながら話してみたいと思います。ここ数年、京都の北山にある中川という集落を調査しています。中川は北山丸太と呼ばれる銘木の発祥地で、伐採した北山杉の皮を剥いで夏材が表面に出た状態とし、それを磨いて丸太のまま使う銘木です。磨かれた木肌はすべすべで、絹のように柔らかい光沢があります。表面には「絞」（しぼ）という縮緬のようなしわがついていることも珍重されるのですが、これはスギのDNA変異が起こしたもので、それを挿し木によって人工的に継承し、クローンをつくることで特殊な製品とする銘木づくりの技があったりもします。山の景観もすごく面白い。木は建材の太さで生えています。伐採したあと丸太のまま用いるので、立木が垂木や床柱などの建材寸法なのです。中川では、少なくとも江戸中期には商業的な丸太生産が始まっていたと考えられています。江戸時代の京都で北山丸太は、西芳寺湘南亭、妙喜庵待庵、三宝院書院、桂離宮中書院、角屋、二条城御常御殿、表千家の茶室などに使われたとみられています。近代になると、建築家あるいは芸術家が自邸に用いるなどして、全国でも使われていきます。

では中川の集落空間を確認しましょう。北山の、京都の市街地から見て北西の山中に集落はあります。清滝川の谷に位置し、その先はかつて行き止まりだったような深い谷です。集落両岸の急斜面を、北山杉が埋め尽くしています。育林の時間的な一単位は30年から60年です。空間的な一単位は、林班といって木のいわば畑のような土地利用の単位です。それぞれの林班に生えているスギの樹齢の違いから、山の斜面はモザイク状に見えます。北山丸太にするスギは、育てる手間が非常にかかります。まず、頻繁に枝打ちをしなければなりません。伐採し、皮をむいて、磨きあげた丸太を移動させるには、傷が付かないように1本ずつ包んでクッションを挟み、丁寧にトラックへ乗せて出荷します。磨丸太とするための育林は、細く長い幹がまっすぐに伸び、かつ、樹冠だけに円錐形に葉を残した特徴的な姿の杉林を生み出しました。このような山林景観はある種、京都の山の伝統的な景観イメージのように捉えられ、流布されてもきました。しかしそれは、実は結構新しいイメージだということが私たちの調査からはわかってもきました。いま、明治22年と平成16年の北山の植生分析図をお見せしています。明治期の山はほぼマツで占められていて、谷筋にだけ少量のスギが生えていたことがわかりますね。戦前には、1本の幹から多数の枝を真上に伸ばし、それが適切な径や長さになったら幹から切り取る、台杉仕立てという施業が行われていました。また台杉は、民家の裏や横など、多くは宅地近くで育てられていました。枝打ちなど頻繁で細かな作業が必要なので、手を掛けやすいところで育てられたのです。スギが山を覆っていくのは大正頃からで、山じゅうに広がるのは戦後だと考えられます。そうやって密に植えたスギを一斉に伐採する方法を、一本仕立て皆伐方式といいます。

中川集落の位置

北山丸太をつくる北山林業の生産地は、戦後は中川から日本海側に90kmほど行った福知山のあたりまで拡大しました。京都から離れた他県に山を買った人もいたといいます。その背景にはまず、戦前と戦後の交通と流通の変化があります。北山丸太の戦前の流通経路は、中川の山林所有者から、産地丸太問屋という京都の専門問屋や大阪の銘木問屋を通して、東京や地方の銘木問屋、あるいは消費者である大工や施主に届くというものでした。これが戦後になると、都市銘木市場や木材センターの成立と合わせて都市の市場規模が非常に大きくなり、消費量も増大しました。戦後大量に北山杉丸太が売れ、つくられた理由は、戦後復興とも関係しています。戦争で多数の住宅が焼け、それらを新築で復興しているとき、既に文化的価値をまとい、名が知られていて、流通経路もできていた北山杉丸太が注目を集めたのです。北山杉丸太は、住宅産業の市場を介して戦後住宅の床の間に取り入れられ、大量に売れたのでした。あとは旅館ですね。高度成長期には日本中で観光業が盛んになります。各客室に床の間を備えた大型旅館をつくる時にも、北山杉丸太は好まれたようです。

戦前と戦後では、丸太の運び方も大きく変わります。かつては女性たちが頭に丸太を乗せて、京道と呼ばれる尾根筋の道を徒歩で京都まで運んでいました。それが谷筋の道の開通によって、獣力による荷車を経て軽トラックなどの自動車に変わり、集落の空間構成も谷の自動車道を軸にして再編されます。戦後中川の様子をよく伝えるのは、中川でロケも行われた『古都』という映画です。原作は川端康成の新聞連載小説で、連載終了後すぐに映画化されました。フェデリコ・フェリーニの「8 1/2」に負けてしまいましたが、アカデミー賞の外国語映画賞にもノミネートされています。さてこの映画では、杉林の場面の一部がスタジオで再現され、撮影されました。台杉の林ではなく、一本仕立て、つまりとくに戦後の北山を特徴付けた皆伐方式の山林の姿がそのセットに組まれたことは、中川の山林の変化を物語る象徴的なリプリゼンテーション(再表象)だったと言えます。

丸太生産量の増加は、集落空間にも種々の変容をもたらします。まずは丸太を保管する建物が変化しました。丸太を保管する小屋は、主屋に隣り合う立地で民家の宅地内にあったのですが、生産量が増えたことと、自動車輸送になったことで小屋は大型化・複層化し、また斜面の宅地から外に出て川沿いの平地へと降りていき、従来はあまり民家がなかったエリアにも建てられるようになりました。そのとき清滝川沿いにできた、大型で多層の木造林業倉庫が現存しています。これも中川の文化的景観であり、集落の歴史の発展段階における建物の代表的な姿なのです。林業倉庫では、「1玉」と呼ばれる最短基準長さ約3.3mの丸太を立てて保管するために内法が高く、また、スギの皮むきや磨きの作業を庇下で行うので軒を深くしているのが特徴です。内部には出荷を待つ丸太が一時保管されます。現在は出荷量が多くないため、丸太がデッドストック化している状況ですが。

▶ 京都のエネルギー源だった北山 生存弱者同士の連帯的世界

ここで話を変えましょう。では、京都のまち周辺のほかの山林とその景観はどうだったのでしょうか。それを知るには、比叡山から大文字山、清水寺あたりまでの東山が描かれる、1808年「華洛一覧図」の景観がわかりやすいと思います。江戸後期の東山はほとんどはげ山のような状態で、社寺林のほかには低木がまばらにある程度でした。明治20年頃の植生を詳しく記録した陸軍の地図にも、同様の状況が確かめられます。京都のまちに接する山にあまり木が生えていなかったのは、山が都市生活者の燃料源だったからです。江戸時代としては大都市だった京都に対して、東山などまちから行きやすい範囲の山は、エネルギー源としては狭かったと考えられています。火をおこすための芝や松葉、薪にする低木などが常に採取・伐採されて下草もないほどなので、表土も薄く、大木はとても育たなかったと考えられています。東山裾野の村同士で芝や松葉を取り合う相論もよく起こっていました。そのように燃料が枯渇していた京都のまちに、山でつくった薪や炭を運んで売ったのも北山の集落の女性たちでした。

歴史的景観は生活文化に紐づいています。木をめぐる事柄もその典型です。

ところで、人が頻繁に山へ入ることでもたらされる副産物の1つはマツタケです。先ほど中川周辺の明治時代の植生復原図にも確認したように、京都周辺の山地ではかつてアカマツが多かったのです。アカマツは弱い木です。他の木が育たないような状況、貧栄養な土壌であるためにライバルが消えているような状況で、やっと大きくなれます。つまりアカマツにとっての生存環境は、人が山に入ってそこを荒らすことで準備されるわけです。アカマツの根に寄生し、貧栄養な土壌の物質を木の栄養に化学変化させてマツに与えるのが、マツタケの菌です。弱い生命体であるアカマツとマツタケは、人が荒らした山地でこそ共棲できる。そうして発生したマツタケは、京都の食文化にも充分に入り込みました。和食の王様食材のひとつと言えるほどにマツタケが日本の食文化で独特の位置を占めることと、都市近郊の山の植生との間には、深い関係があったのでしょう。中川から京都に至る京道沿いのほとんどの山は、復原するとアカマツ林だったことがわかります。中川の人に聞くところでは、かつては北山林業だけでなく、マツタケが年間収益の高い割合を占めていたといいます。しかし人が燃料を採りに入らなくなった山は栄養に富んでいて多くの植物にとって有利なので、弱いアカマツは育ちません。そして戦後杉一色になった山は、今や杉も売れなければ、いつしか松食い虫も広まり、アカマツ林に戻すことも困難だといいます。

アナ・L・ツィンというアメリカの文化人類学者による『The Mushroom at the End of the World : On the Possibility of Life in Capitalist Ruins』(2015)、つまり「世界の果てのキノコ：資本主義の廃墟における生の可能性」という本があります。ツィンは、マツタケ菌とマツ、マツタケとそれを採取する人々をめぐ

中川集落の空間構成

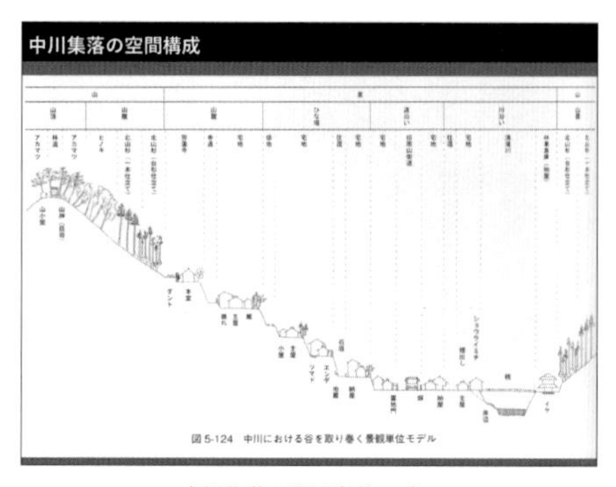

中川集落の景観単位モデル
(『京都中川の北山林業景観調査報告書』京都市、2019より)

京都盆地でのマツタケ狩り

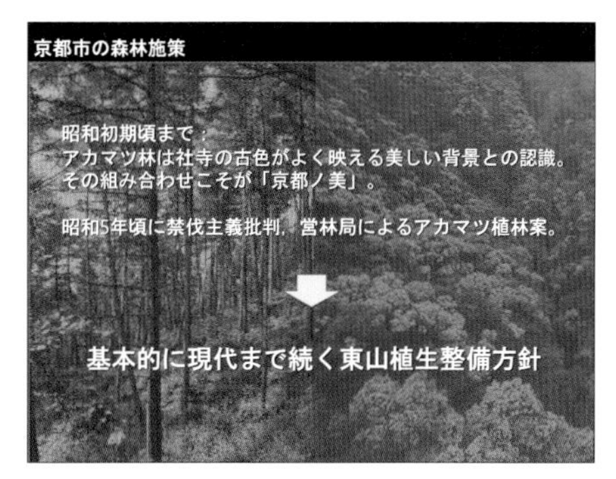

京都市の森林施策

る地球規模の生態系を描き出し、都市の食文化とそれらとの関係が、生存弱者同士の種を超えた連帯的世界を生み出していることを希望的に描こうとします。弱いつながりによる、弱者同士の生存。しかしそれはまだ、グローバル資本主義経済の隙間に、寄生的に芽生えている状況なのかもしれませんが。

ところで昭和初期頃の京都では、古社寺の背景としてアカマツ林が映えるので保護せねばならないといった議論もなされていました。人が山に入らなくなったことで、アカマツからシイやコナラなど、人が関与しなければ京都でもともと優勢になりやすい植生へと東山が戻っていく過程で起こった景観論だったと言えます。

▶ 歴史は不可逆　「歴史的多様性」を知覚する

少し話を広げましょう。ここまで見てきた例からもうかがえるように、歴史的景観は生活文化に紐づいています。山林景観を含め、木をめぐる事柄もその典型です。しかし、たとえば木は、植えてから製品として出荷できるまでに平均30年はかかります。これは人の1世代に相当する年月です。1世代では、人の行為と経済の循環がひとめぐりしないのが山林です。1世代や2世代先を見通さなければならない。そして現代にそれは上手くいっていない。山に限らず、「人の数世代を超えるようなデザイン」をどのようにすれば良いのかということは、重要な課題だと思います。歴史を、過去だけではなく未来まで延伸されたものとして捉える問題設定が必要ではないでしょうか。歴史は不可逆です。また、凍結保存もできないのです。

「歴史」とよく対に語られる、たとえば「伝統」についても、よく考えてみる必要があるでしょう。冷静に言えば「伝統」とは、ある事柄が反復的に、比較的長期持続した状態を指すと思います。それではなぜ、その何かが長期持続できたかを考えてみましょう。ひとつめには長期持続した政治制度が関係しているでしょう。日本で言えば封建制や天皇制。世界では王政や帝政など。「近代」というメカニズムも、もうそこに入るかもしれません。伝統とは、政体やその時期の経済の仕組みなどと連動する何らかの具体物なので、ひとしなみに無批判な取り扱いには問題があるかと思います。伝統がいま美しく、延命あるいはリバイバルしたいものだと思えるなら、その美における事物の因果も含めてその本質を考えるべきでしょう。言いたかったことは、歴史や伝統は、有用で口当たりの良いリソースではないということです。またそう簡単に「ただ乗り」できるようなものでもないということです。

「『歴史的空間』（の再編）とは?」という話題に、少し踏み込みました。これは非常に大きな課題なので、すぐに何か答えが出るようなものではありません。ただ今日ここで何を話そうかということを考えていた数日前、ふと、「歴史的多様性」という言葉が思い浮かびました。生物多様性を“Biodiversity”と言うなら、“Historicaldiversity”のようなものもあり得るのではないかと思うのです。各歴史段階の多様性の知覚は、どのように可能なのか。知覚されるそれらは、誰の歴史なのか。そういうことに想像力が至っているか。事物の、過去の存在歴が互いに活き活きと絡まり合っていることを捉え、それらを引き出し、かつ、未来の空間へ向けて送り出すということはいかに可能なのか。このことを1つの問題提起とさせていただきたいと思います。ありがとうございました。

［トークセッション］

木・木材・木質化からみた 歴史的空間再編

記念講演の講演者3名とモデレーターの
松田達氏に、コメンテーターとして塚本由晴氏、
宮下智裕氏を加えてトークセッションが行われた。
「建材としての木」、「都市における木造」、
「歴史的多様性」など、記念講演での
話題・キーワードからさらに内容を掘り下げ、
濃密な議論が交わされた。

記念講演を振り返って

松田(達) 3人の先生方、今日は素晴らしいご講演をありがとうございました。どの先生からも大変密度の濃いお話をしていただきました。今回のテーマは、「木・木材・木質化からみた歴史的空間再編」ということですので、まずは3人の先生方のお話を簡単に振り返った上で、今日のテーマとどう接してくるのかということを考慮いただきながら、先生方にそれぞれの講演についてコメントを簡単にいただければと思います。

腰原先生からは「都市に木造建築を」というタイトルにて、伝統的な木造の話から、その伝統や慣習から離れて木造の新しい可能性を探るTimberizeという団体の立ち上げに至るまでの話を、近代の木造、1950年代の熱海、最近できた金沢エムビルの話などを交えてレクチャーいただきました。併せて最近出来上がった、7階から8階など中高層の木造建築の可能性に関しても紹介いただきました。木造と防火性能というのはどうしても相反するものだったのですが、それを両立させる、ある種「現代の町家」としての都市木造の可能性を、大きくお話をいただいたという風に思っています。そのうえで木造が鉄筋コンクリート(RC)造、鉄骨造とどう違うのかということを、話の焦点として挙げていただきました。

長谷川先生は、木の可能性として「柔香齢裏」という4つのキーワードを挙げられました。「柔らかい」「香る」「年齢を重ねる」「裏をつくる」という、それぞれ視覚に現れない木の良さを、設計にどのように活かし、建築化しているかということを、興味深いプロジェクトとともに語っていただきました。「駒沢の住宅」のルーバー状になった2階の床は、足の触感で木のたわみを感じられることのできる空間を構成し、長野のゲストハウス「尾根の屋根」は、三日月型の大きな屋根が道路からの音を退け、重さと柔らかさが同居する大きな気積の空間をつくり出しています。いずれも「柔」という柔らかさを建築に取り込み、単に視覚だけだと捉えられない空間の魅力を持つ建築だと思います。奈良の伝統的な様式「大和棟」を取り入れたコミュニティハウス「吉野杉の家」では、Airbnbで予約し2階に宿泊できるということですが、そこではヒノキの香りが身体についてよく眠れるということで、「香る」という木の可能性を語っていただきました。台湾の「新富市場」の改修プロジェクトは、1935年に台湾で2番目につくられたRC建築をインキュベーション施設に転用するというもので、あえてRCと同じくらいの樹齢の木材を用いようとしているということでした。木が「年齢を重ねる」ことを建築に絡め思考されています。最後に「裏」ということで、ハーバード大学デザイン大学院において、木材がニューオーリンズのクレオールコテージの表と裏の空間をつくっている様子を、そのタイポロジーとともに話していただきました。全体として4つの視点から、いずれも「視覚」ではない木の魅力を追求されていることがとても印象的でした。

松田法子先生からは「『歴史的空間』の批評的検証」

ということで、京都北山の中川集落における杉林が、桃山時代から江戸時代を経て近代に至るまでどのように使われてきたのかというお話をしていただきました。特に、明治期の森では松が中心であったのが、戦後、比較的最近になって杉が中心となっており、北山の典型的な景観は実は新しいものであるという話も非常に興味深いものでした。流通についてのお話もありましたが、木材の流通経路は戦後になって増えており、そうするとたとえば倉庫の在り方や使い方も変わってくるという話もありました。さらに東山のお話もありました。そこで興味深かったのは、もともとハゲ山だった東山にアカマツが植林され、マツタケとアカマツのような弱い存在同士が共生し絡まり合うというところでした。数世代に渡る歴史的空間を考えると、それぞれの段階で生活に依拠する空間構造がある。過去のモデルである「伝統」を無批判に継承することもできない。だからそれぞれの段階の多様性が知覚され、複数の事物の残骸や存在歴が活き活きと絡み合っているような「歴史的多様性」を提案できるというお話は、まさに「歴史的空間」の核心を突くようなご指摘でした。

拙いまとめ方で恐縮ですが、このあとそれぞれの先生に、他の先生のレクチャーを聞かれて気になったことなどからお話いただければと思います。

ベースの価値観をどう考えるか

松田(達) 腰原先生からいかがでしょうか?

腰原 長谷川さんの「柔香齢裏」ですが、これは現代の価値観で言うと工業製品的には欠点のようなものを、自然材料だからできるのだと思います。僕ら構造の人たちの立場から言えば、技術開発というのは鉄筋コンクリートとか鉄骨造に負けない、木造でもできるんだぞと頑張ってきたのですが、頑張ってきて出てきたら「木なのこれ?」というところにたどり着いてしまっていて、むしろ今までは弱点や欠点と言われていたけれど、先ほどの揺れる床などはそうなんですけど、欠点なのか、いやそれこそ価値なんだというところで、もう少し上手い発信というのは、価値付けの話だと思うのですが、そういうものというのはどう感じ取れますかね。逆に「欠点でしょ」と言われて、僕たちからすれば欠点だし、一般の人からしても「揺れるのは嫌だよ」というときに、揺れることによってこういう魅力が増すんですよといったことや、時間を刻んで色が変わってしまうのは工業製品だったら多分ダメと言われるけれど、色が変わるからいいんだよという、そういう価値観というのはお施主さんにも伝っているものなのですか?

長谷川 建物全体が揺れてもいいよというお施主さんはさすがにいませんが、エイジングに関しては、むしろサイディングみたいに経年変化しないと言いながらコーキング部分だけが劣化していくようなものより、時間をかけて変化して味を増していく素材を使うことには割と共感してもらいやすいですね。先ほどの「駒沢の住宅」もオーストラリア産のユーカリの枕木を外壁に使っているのですけれど、最初はレンガ色だったのが炭化してだんだんグレーになっていく。むしろ歳を取ったり汚れたりしていくことが誇らしく思えるような木材がいいとお施主さんから要望があったくらいです。その方が愛着も続くからと。

腰原 先ほどプレゼンテーションで言われていた「町家からサイディングまで」というのは、ある大学の授業でどっちがいいですかと聞いたら、「サイディングが綺麗なまちがいいです」という学生が半数以上いたというのが…。そのあとは話が続かなくなってしまいました。エイジングもいいだろと言うつもりだったのに、その辺の価値を上手くつくれるといいんですけどね。

長谷川 そうですね。でもやはり僕が学生の頃と比べると、リノベーションというのがここ15年くらいですごく当たり前のものになってきて、学生も古いものや歳を取ることとか、それをさらに継承していくことに対して強い関心があると思います。僕が学生のときはまだ新築至上主義で、極端に言うとリノベーションはヨーロッパの建築家の仕事だと思っていたようなところがあるかもしれない。この歴史的空間再編コンペもあるし、そのあたりの感覚はおそらく僕が学生のときよりかなり変わっている気がしますね。

腰原 では未来は明るいですね。

宮下 たとえば多摩といったニュータウンのようなところに行くと建物がかなり老朽化している。一方でサッシだけはそのまま、いつ付けたかわからないくらい最近付いたような感じで見えていたりすると逆にすごく異様なんですね。建物が歴史や生活とともにあるのに、そこだけ時間が止まっているような、逆に奇妙さがあって。私の認識としても、最近の若い学生さんたちは意外とエイジングについて結構好意的なような気はしています。

塚本 東北の復興でもほとんどの住宅の外壁が窯業系サイディングでした。主に外壁が延焼範囲にかかってしまう密集した都市部の住宅地では、火に強く、腐らず、再塗装もいらないという、三拍子揃った便利な外装ですが、ジョイント部分や窓周りのシールは必ず劣化するので、結局みすぼらしいことになる。将来的にどういう街並みになるのか、想像するのも恐ろしいです。

腰原 デザインは古いのだけど材料は新しく見えるという不思議なまち。

塚本 レンガや木は表面が欠けても中から同じ物が出てくるけれど、窯業系サイディングは少し欠けただけで馬脚を表した感じになる。そういう脆いメイキャップに感受性も育まれてしまう若い人の感受性の行方が不安ですね。

松田(達) 腰原先生のご質問は、腰原先生自身が価値観を変えることに苦労されていることがあるからですか?

腰原 今と同じ話で、瞬間的にアピールするときに、窯業系サイディングの写真を見ていたら綺麗でいいねと言って、それが5年後、10年後にどうなるかという話は一切しないでやるわけですよね。多分、木造で伝統的なものでやると、できたときはすごく綺麗だけれど、すぐ雨掛りのところで汚くなるときがある。それを想像してしまうと、あれは嫌だなと思ってしまう部分があります。それを乗り越えて、あと5年くらい我慢していれば全体が取れるようになって綺麗になるという話をきちんとしないと、なんとなく悪い例が目の前にたくさんあって、騙しているいい例がここら辺にもあってという…と言うと怒られるかもしれませんが(笑)。そういったところの価値付けというか、もう少しいろいろな知識を伝えなければいけない。それと、本当は金沢なんかは目の前にエイジングした建物があって、将来ああいう風な建物になるように新築するにはどうするかというのを議論すればいいし、悪い例のものがあるなら、そうならないようにするにはどうしたらいいかというのを考えていくことができないかなと。

松田(達) そもそもそのベースの価値をどう考えるかということは、これからの木のことを考えたときにすごく重要なことだと思います。

構造の一つとしての木造

松田(達) 長谷川先生はいかがですか?

長谷川 今日の講演でお見せしたものの中に実は都市部のプロジェクトはほとんどないんですよ。防火制限のせいで、やはり都市部で木は使いにくいものだし、今も都心で住宅の設計をしていますが、木造の躯体の上にクラスターボードを2重貼りするみたいなことをやらざるを得ない。そこは制度を変えない限り仕方ないのですが。でも腰原さんの話を聞いて、燃えしろ設計で木を見せるということをもう少し積極的に考えられるかもしれないと思いました。さらに制度が整備されて、外部でも燃えしろ設計が使えるようになったときに、当然太くなります。建物の部位は太く、厚くなっていくわけですが、そこがこれまでの建築家の感覚だとどうしても受け入れ難い部分がある。華奢に見せたいなと思いがちなんですが、太くてもいいじゃないかという見せ方や、収まりを考えられれば、もう少し木造の空間も変わっていくのかなと思いました。それから街並みの話もありましたけれど、単に格子窓を付けるといったことだけではなくて、太かったり厚かったりすることが、新たな風景をつくるかもしれない。近代以降の鉄骨などによる華奢で綺麗な建築の価値観ではなくて、どっしりとした木造を現代の中でどういう風にデザインし直せるのかについては、考えてみたいと思いました。

腰原 やはり太いのはダメなんですか?

長谷川 実は昨日の夜、帰ってから講演の内容を少し変えたのです。食事の席で腰原さんと話していて、「建築家は製材された規格部材しか使わないからな」と言っていたので、新富市場の丸太柱のプロジェクトをスライドに入れました。でも、どんなプロジェクトでも使えるわけではなくて、丸太の使い方はすごく難しいですね。

腰原 よく議論するのは、一枚板のテーブルが出てくるときに、材木屋さんは耳を残してそのままにするけれど、多分デザインをやる人は耳は切りたいのだと、現代的に使う人は。だから自然材料を自然のまま使いましょうというのが度が過ぎると、少し原始的な建物になってきてしまう。自然材料に少し人為的な操作をして、現代のスタイルにするんだという価値観が抜けてしまっていて。昔から床柱は自然木をそのままやりましょうというのがあって、今も地方の庁舎に行くとだいたい玄関に地元から寄付されたでっかい丸太が立っているけれど、そんなものが想像されてしまって、現代では、太いものがなんとなく嫌悪されているのかなという気がする。だから、大黒柱も尺角でもきちんと製材されているものは受け入れられる気がするけれど、それを丸太にしましょうというのは少しまずいのかなと思います。建築的にはなぜ製材されてきたのかというと、面材の壁と取り合うから直線にしたいのだけれど、先ほどみたいに独立柱だったら別に製材する必要はないわけですよね。そういうときに自然材料をなるべく加工しないでそのままの形で使いましょうとやろうとしたら、そういった手もあるんだけどなと思います。

長谷川 でもその一方で、他にも丸太を使ったプロジェクトがあるのですが、現場で全部合わせていかなければならないので大工さんは結構大変そうですね。丸太は捻れたり傾いていたりと形が一本一本違うので。

腰原 それを大工の力にだけ頼らずに3Dスキャンして立体データで処理してしまうとかね。

松田(達) 都市木造を考えるとき、燃えしろ設計を考えるとどうしても太くなってしまうところは僕も大事なポイントだと思います。腰原先生は都市における木造をベースに話されていて、長谷川先生は都市ではないところの木造の話から入っている。だから同じ木造でも、かなり明確な意識の違いがあるのだなと、今日のお話から見えてきました。松田法子先生からもコメントがあればお願いします。

松田(法) パッと気づいたのは、腰原先生の話で木造の定義のところ、つまりRC造とか鉄骨造の建物が日本で建てられるようになって初めて「木造」という構造が自覚され、構造の一つの選択肢になるというところが、建築史で言うところの「和風」の発生に似ているなと思いました。洋風建築が入ってきたことで、それまで何とも名付けられていなかった在来の建物が「和風」と括られ、設計上や意匠上の選択肢になるということです。

ところで、そもそも論になってしまうかもしれないのですが、腰原先生はなぜ木造と都市を掛け合わせたのですか?

腰原 木造がどういう材料で、どういう経緯を持ってきた材かは別として、建築材料として木があるのに、都市部で使いたくても使えないというのが変だった。そこで、使いたければ使えるようにしましょう、だけどやはり新参者なので使うには苦労しますよとか、覚悟がいりますよというのがあるからなかなかみんなが踏み込めないところがある。だったらまずは土俵はつくる。やれるようにしてそのあとやるかやらないかはまた議論をしなければいけないのだけれど、「技術的にできない」というので足切りされてしまうのは嫌だなと。そこで今できないものを上手くできるようにしたら、みんながどうしてくれるかなというところだけれど、それは作戦を失敗したなと思ったのは、「鉄やコンクリートと同じことができますよ、負けないというか同じことができますよ」とやってしまったので、木の魅力をむしろ減らす方向にいってしまっているかなと…。

長谷川 同じ土俵に乗せてしまった。

腰原 乗せてしまったので、むしろやはり違う土俵を用意した方が得だったかなと最近は思います。

概念を変えて新しい価値に着目する

松田(法) 木を使おうというのは木材利用上の量的な課題のためなのですか? もっと使っていかなければいけないとか、消化しないといけないよという啓蒙ですか?

腰原 社会問題としてはそれです。戦後植林された樹齢50年くらいの木がたくさんあって、それを伐らないと植え替えられない。だから伐って植え替えたいのだけれど、伐って使わないのももったいない。でも伐って売っても今は植林するお金の500円も出ないくらいなんですよね。だとすると、やはり市場をつくらなければいけない。今までの地産地消型で地元の木を使いましょうと言ってもたかが知れたマーケットなので、地産地消で都市部のマーケットをつくってあげないと消費量が増えないよねというのもあります。

松田(法) 都市木造というのはそこの一つの受け皿で、実際に使われる量というよりは、使い方の見せ方をやるというところですかね…。

腰原 そう、だから「つまらないけど木を使いましょう」とやるのは少し癪なので、どうせやるなら都市部で面白いことをやりながら、木を使って資源問題を解決しましょうよというスタンスではいたいですけどね。環境問題だから木造をやりましょうというのは少し違う気がしています。

塚本 でもやはり日本の木をもっと使わなければという意味での都市木造ではないのですか? 外国の木材を輸入してまでやる?

腰原 怒られてしまうかもしれませんが、僕は地球材でいいと思っています。

塚本 地球材でいいですか?

腰原　建物でいる間の木は空気中のCO_2を固定しているので、山にある木は光合成化されているけれど、木を切ったあとの蓄積という意味では燃やすまではいいのだから、貯蔵しておきますよという意味ではどこの木でもいいような気がします。まあ運搬の経費の問題があるけれど。

塚本　成木になるにつれてCO_2吸収量が減っていくから、一定の樹齢に達したら伐採して植え替えるのですが、そのときに杉や檜にしないで広葉樹の林にしていく試みもありますね。

腰原　先ほどの森林の問題からすれば確かに木は貴重な資源なので、伐って建物をつくって100年持たせましょうというのも一つの答えだけれど、現状的に言えばもっと伐りたいので、今は消耗品的に木を使ってもいい時期だと思うんですよね。もう少し待てばまた大事に使おうよとなるかもしれないけれど、今はチャレンジで、100年持たせましょうという木造建築もあれば、10年しか持たせない、あるいは仮設で1年限りみたいなものに木をじゃんじゃん使うぐらいやってもいい。そこに選択肢をたくさんつくっておいて、木が大事なときは長持ちする使い方をしましょう、余ってきたらじゃんじゃん使いましょうという選択肢ができてくればいいと思っています。「木の使い方はこれ」と決めてしまうのではなくて、こんな風にも使えるのではないかという選択肢のメニューを埋めていきたいなというのが本音なんですよね。

塚本　今日は建築の話なので、いちおう様態変化みたいな並びにしたのですが、木、薪、バイオマスでも同じ話なんですよね。

腰原　だから、「薪」として燃やしてしまうのは寂しいから、「建築」として使ってから燃やしましょうよと。

塚本　そのためには解体された木造を燃料に変える、「都市林業」の仕組みが必要ですね。

宮下　それはおそらく、鉄やコンクリートにできることとは全然違うことになるので、だから「木はこうあるべきだ」みたいなのがあって、逆に先ほどの話ではないですけれど、木造というのが、鉄とコンクリートに対してという感じで出てきてしまった。和風で出てきてしまったみたいなところから、逆にそこに対抗するために木造をつくっているみたいなところがある。そこの概念を少し変えていって、全然違う新しい価値にもっと着目していくといろいろ面白い使い方ができそうですよね。

腰原　松田法子さんの北山杉の話ですが、なぜいつまでも床柱に使う木のつもりでしかないのかなって、あれを現代建築の中に使ってみてよという動きがあまりない。先ほど言ったように和風建築のための材料をつくってしまったのだけど、世の中で和風建築が廃れてきてしまったのだから、あの材料をどうやって現代建築に使っていこうかという動きがあっても良さそうなのに。

塚本　私も中川町の生業と建築タイプと街並みに興味があって訪れたことがあるのですが、ある製材屋さんは「最近こういうのをやってみた」と、杉丸太をルーバー状に並べた建築の内部写真を見せてくれました。やはり一本でも存在感があるようにつくられているので、並ぶと異形の様相を呈していました。

腰原　だから、あれはダメというか、ダメという言い方は悪いけれど、耳付きの一枚板と同じで、あれにどう今の価値感のデザインを加えられるかということだけれど、そこを材木屋さんたちが自分たちで頑張ってしまうと…。

塚本　でも、「日式」と呼ばれる和風インテリアが中国で流行っているので、輸出するようになったそうです。

松田(法)　一つの道はそれなんでしょうね。建築文化含めて日本らしさを受容したいというような文化圏への輸出。ただ、銘木というものは特定の建築文化ができたときの時代や地域文化とはっきり紐づいているので、そう簡単でないとは思いますが。

腰原　面白いのが、木材って柱として売っている、梁として売っている、そして垂木として売っているんですよ。材料として、使う部位を限定したイメージで売っているんです。だけど僕らからすれば、4寸角の材と思えば使い道をいろいろ考えられるけれど、「柱材です」と言われると柱に使わないといけないのかなとなる。磨き丸太がどういうものなのか、材料としての説明をしてくれればいろいろな使い方が出てくるけれど、「昔からこうやって使っていたんです」と言われると、そう使わなければいけないのかなとなってしまいます。

塚本　でも実際高いよね。手間がかかっているから。

松田(法)　そうですね。ものすごく手が入っている。園芸的で丁寧な林業だから、めちゃくちゃ人件費がかかっていますよね。

塚本　だからそれに見合う見せ場や、客間など、もてなす場面がないと使えない。天井で隠れてしまう使い方では役不足。

腰原 一生懸命、床柱を大事に残しているけれど、床柱は必要とされない気がするんですけどね。

長谷川 吉野町にも大量の床柱が残っている倉庫がありますね。

塚本 床柱は本当に大変だね。

腰原 現代木造に床柱として残していくというのは諦めて、違うことを考えていった方がいいかもしれないですけどね。

塚本 ぜひ、お願いします(笑)。

腰原 いや、逆にデザイナーに考えていっていただければ(笑)。僕らは床柱は大事ではないので。

都市木造は数世代後のデザインを考えること

長谷川 ところで腰原さんが実例として先ほど見せてくださった高層ビルは国産材ですか?

腰原 いちおう国産材です。そこがまた厳しいところで、「国産材使いましょう」縛りができると今のスギはヤング率が低いので、変な話、輸入材でベイマツとかでやりましょうと比べると一回り大きくなるわけですよ。やはりボリュームがあることを許してくれる価値観がないと、性能の方では、先ほどの弱点というのがここにもあるのですが、弱いけれど使ってくれる、弱いけれどボリュームを大きく使えますよというのが、長所になれるかどうかというのがあると思っています。

塚本 コンクリートでは「骨材はどこから来たか?」「セメントはどこの山の石灰岩を焼いたものか?」、鉄骨でも「どこの鉄鉱石からつくられたのか?」という話にはなりません。でも木の場合、「どこの山からきたのか?」といった背景が話題になる。そんな背景が見えない方が消費主義的にはキレがいいのですが、今人々は持続性のある背景とモノのつながりに物語性を感じて関心を持ち始めています。木造の方が、人々の振る舞いを変えられる可能性があると思います。木造の面倒な部分は、その視点から見れば、キャラクターに変わる。

長谷川 それをクライアントなどにどう理解してもらうんですか? もちろん共感してくれる、そういう話が好きな人もいると思うのですが。

塚本 「そうは言ってもみんなわかってくれないんですよ」と言っていたら手遅れだと思う。結局自分たちが何になりたいかという、自画像の問題だと思います。そもそもの前提が「持続的成長」なのか、それとも「成長なき繁栄」なのか、問わないといけません。私は「持続的成長」はないと思っている。なぜなら成長を前提にした自画像は、地球と人間を分離しています。それを変えないとダメだと思います。変な言い方ですが「成長なき繁栄」を前提にすると、自画像は「人間は地球です」と言えるものになるのではないか。建築の表現はそういう問いかけができると思います。

腰原 でもね、その話はいいんだけれど、たとえば以前、建築誌「新建築」の対談で同じような話をしたのですが、新建築はなぜハウスメーカーの建物を載せないのか。最近、住宅流通製材を組み合わせて木造住宅をつくると安くできるからいいよね、というのが流行っているけれど、ではなぜ流行っているのかというと、ハウスメーカーが住宅流通製材を大量に捌いてくれているから、そのおこぼれで安く仕入れられるだけじゃないですか。だからセットなんですよね。物語をつくる小さい建築、文化的な建築の裏には、冷めた社会で稼いでもらわないと成り立たないという二面性がある。ストーリーがあって文化的にやりますという建物と、持続的に山を守るための木の使い方というのが、どちらも共存しないといけないのだけれど、ストーリーのある方をみんなが賛美するわけですよ。だから、こちらももう少しスポットライトを当ててあげないと、いろいろな価値観があると。

塚本 住宅メーカーもそちらのストーリーで説明すればいいのに、違う価値で説明しようとする。それが建築を見る眼差しを一面的にしていくところが問題だと思いますね。

松田(法) 森林の観念というか、それがある種少し違う風に教育されてきたような気がします。木を切るのは自然破壊だという考えも典型ですね。でもそれは、樹齢何百年の天然林という以外には、日本では当てはまらない場合が多い。戦後、日本の森林の4割は人工林になりました。そこにある森林蓄積、つまり用材にできる部分の体積は1960年代からみて現在は6倍になっていて、どうしようもなくなっている。間伐材を切り出す手間賃が出せなくて、森林の成長と荒廃が林業の衰退を象徴しているわけです。そういう山の改良をどうしていくのかは喫緊で、都市的な文脈でいくと、どんどん使っていくという目的では建築以外に、たとえば土木系の、もっとマスの大きい用途に向けて使えないかなということは思います。

塚本 防潮堤もそれでつくれば良かった。

長谷川 新幹線の高架とかもここでつくって。

腰原 だからそういうことですよ。一見無駄遣いに見えるものをやってしまえばいいのにと思います。そういうのでまた使い道が増える。

松田(法) 木材の新しい用途を考えて普及しないといけないというのが実際ですよね。

塚本 田園風景の中を北陸新幹線の高架橋が延伸中ですが、あれを木造でやるとかね。

松田(達) 盛り上がっているので続けていただければと思うのですが、例年このあたりで学生からの質問を受け付けています。このトークセッションを見ている方で、質問がある人がいたら「#歴コン2020」とハッシュタグを付けて、ツイッターで質問をいただければと思います。

長谷川 今何人くらいの人が聞いているのですか?

松田(達) わからないんですが、結構たくさんの方が見ていると思います。質問をお待ちしつつ、少しまとめ的なところに入っていきたいと思います。今日はハウスメーカーの話から新幹線の話まで、かなり幅広い話になりました。歴史的空間については、松田法子先生が「歴史的多様性」みたいなものがあるのではないかというキーワードを挙げられました。松田法子先生と腰原先生の接点として、数世代後のデザイン、あるいは100年、200年後のデザインを考えるときに、100年後を考えるというより、短期間のものと中・長期間のものを組み合わせていくといいという腰原先生の話はヒントになると思いました。都市木造は、やはり数世代後のデザインを考えていくことかなと思います。あと、長谷川先生のこれまでの取り組みは、木の繊細さや視覚化されない部分を上手くデザインに取り込んでいると思います。それが都市における木造の話になってきたとき、どう取り入れられるのか。つまり、都市木造的なものと木の繊細さみたいなものが、上手く掛け合わされることになるとどうなるのだろうということは、個人的にはすごく興味深いところです。

建材の考え直しを通じて何をしたいか

松田(達) ここで、宮下先生から全体について一言お願いします。

宮下 都市に木造を入れていくという話があって、先ほどの熱海の例を見てあれをまたつくっても仕方ないんだという話になってきたときに、都市と木造はどういうものとして、といった話になってきて、一種のまちが持っているタイポロジーみたいなものを見つけていって、それに合う木造の使い方というものを今後考えていくみたいなことになるのかなと思っています。その中で、たとえば屋根裏の使い方といったところもどのように考えていくのかといったことも出てきます。町家を世代に割っていくなどして、新しい町家の在り方というものも考えられたりしていると思うのですが、そのあたりを設計と材料の使い方みたいなものを上手く組みながら、都市として新しい使い方をしていくというようなものが見えてくると面白いのかなと思いながら聞かせてもらいました。

松田(達) 同じ都市木造でも、地域によってローカライズされたり、スペシャライズされたりする可能性があるわけですね。

宮下 そうですね。そのときに全部を一個一個に割って、そこの形式のようなものをベースにしながら、どう発展させていくのかということだと思います。

塚本 京都の町家は、木造によって都市的密度をつくるタイポロジーでした。しかし、近代化の過程でコンクリートや鉄骨にかなり置き換えられてきました。それをもう一度木造に変える挑戦が行われています。早い例では葉祥栄さんの小国ドームが、鉄骨でやっていた立体トラスの大架構の線材を間伐材に置き換えました。つまり鉄骨プロトコルのまま線材だけを木に変える。そういう方法論がしばらく続きましたが、コンクリートのかわりに木を使うとか、鉄骨のやり方で木造を使うデザインは、木造らしくない。鉄は力を1点に集中させるように部材同士を接合する。その方が力学計算上クリアだから。けれど木造は部材欠損があるのでそれができず、ずらしていく。そのずれが部材の階層性や反復によるきめにつながっていって、木造ならではの意匠性にまでつながっていく。私は現在のコンクリートと鉄の建築を木に置き換えるよりも、江戸時代に形式が確立された町家や、第二次大戦前後の資材不足もあって生まれた、木造のモダニズムにまで戻って、そこからあったかもしれない、現代までの展開を考える作業仮説に可能性を感じています。逓信省の設計部などがつくっていた木造モダニズムは凛として素晴らしいのですが、今は残っていない。あの筋が続いて2020年になるとどうなるのかと考えるのです。

腰原 先ほどの細い木と太い木の話も似たようなものでして、細い木を木組みで組み合わせたのが日本の木造文化だというイメージが強すぎるのかなと。社寺建築や農家型民家みたいな大きい材で、木組みですよというのもあるし、それが木組みが難しいから金物接合にするというものもある。選択肢はたくさんある。木造モダニズムも、結局鉄骨造が目標だったんじゃないでしょうか。ヨーロッパで鉄とコンクリートでできている産業建築を木造に置き換えたら、それだけでは違うのではないかということで木造の特徴を振り返って実現している。2000年に建築基準法が改正されて2010年頃には、技術的には木造でも鉄とコンクリートと同じような建物ができるようになったけれど、ふと立ち止まってみたら木造らしいものをつくっているのかという感じで皆さんが見ていて、この2020年からというのは、方向性を切り替えられるのではないかなと思います。そのときに技術主導だとやはり限界があるので、どういう建築をつくりたいのか、どういうまちをつくりたいのかというのでそれに必要な技術がどうあるべきかという開発なり、法改正なりをしたいということです。

松田(法) 原点を考えれば、木材は構築材料としては日本で一番入手しやすい建材です。日本列島は比較的温暖で多雨、山がち。そこで一番簡単に入手できるのが木。そこから出てきた建物の形式か様式が続いてきて、「伝統」になったわけです。そういう因果関係を随時考え直すのが大切だと思います。木造が減った背景としては、供給の問題が大きいと思っています。鉄やコンクリートといったものが使えるようになると、経済含めてそちらに価値観がシフトする。建材全体の供給と流通の体制もすごく変わったわけですよね。それが次にどう変わりうるのか。そこをどうしていくのかというのを、日本の山林や林業も何とかすることを含めて、世界規模の建材流通ネットワークの中で話をしないといけないところもある。特に林業は輸入材に代わられて今こうなっているわけですから。建材の考え直しを通じて何をしたいかという、そこの話にもつながると思います。

木の文化へとつなげていく

松田(達) さて、残念ながらもう時間が来てしまいましたが、最後にこれだけということがありましたら、お話しいただけますか?

腰原 学生の皆さんの提案についてですが、全更新が多い。古い街並みをどうしましょうというのでなくて、このエリアを再開発しましょうみたいなものが多い。実際のまちは、昔の時代を今に残して、新しい木造もやってみましょうといった取捨選択があって、エリアに残した方がいい建物に手を入れてもう少し伸ばしましょうとか、どかしてしまおうとか、再構築したり、あるいは新しくつくりましょうよという多様性が普通な気がします。なんとなくこのエリア全体を統一したい、いきなり変えてしまおうという提案が多かったイメージがあり、残念でした。単体の建物の改修なんかも真面目に残したい部分と、変えたい部分があるのかないのかというので、そういった視点でプレゼンテーションして欲しいなと思います。

塚本 松田法子さんがおっしゃっていた歴史的多様性を意識して欲しいです。日本の超高層が面白くないのは、ニューヨークのようにクライスラービルから、ミース・ファン・デル・ローエのシーグラムビル、フィリップ・ジョンソンのAT&Tビル、レンゾ・ピアノのニューヨークタイムズビルみたいに、アールデコ、モダニズム、ポストモダニズム、ハイテクというように、時代を画する超高層が全部揃っていないからです。最初の霞が関ビル以降、墓石型が基本になっている。面積確保の効率性からしか始まっていないので、スカイラインに歴史がないんですね。倉敷のまちがいいのも、江戸・明治・大正・昭和の名建築が混在しているから。

松田 法子

宮下 金沢もですね。

塚本 金沢もそうですね。失礼しました(笑)。

宮下 そこは言っておかないと、倉敷でなく金沢と(笑)。

松田(達) 少々時間の方が過ぎてしまいましたので、このあたりで終わりにしたいと思います。なお、Twitterを見ていますが、質問は残念ながら来ていないようです。短い時間だったので、なかなか難しいですよね。今日このように多岐にわたる話題に触れたトークセッションができました。これは午後の審査にもつながっていくでしょうし、金沢市長のお話にあったように、金沢自体が現在、木の文化都市を目指しているということで、こういった話をここでできたことが、ゆくゆくは金沢の木の文化へとつながっていけば、大変嬉しいことだと思います。先生方、本日はどうもありがとうございました。

一次審査

［日時］
2020年10月13日（火）

非公開で行われる一次審査では、6名の審査員により、応募総数167作品から二次審査に進む30作品が選出された。

熊澤 栄二
Eiji Kumazawa
石川工業高等専門学校 教授

総数167点と過去最大数の応募であったが、歴史的空間のサーベイも重厚で、作品の出来栄えも卒業設計レベル並の高い水準であった。一方、何を歴史的空間としたいのか、全体として何を提案したいのか。ディテールの密度が上がるにつれて提案の全体像が掴めなかった作品も決して少なくなかった。細部に細心の注意を払うことも重要である。しかし勝敗を分ける要素として他の作品との差別化が一次審査では争点になることを留意されたい。

小津 誠一
Seiichi Kozu
建築家／E.N.N. 代表

歴史的空間の再編という同じ問いを続ける本コンペに対して、「対象としている空間を確信を持って歴史的空間と定義しているのか?」が、問われ続けています。そんな意味では、懐古主義的な情緒性や、廃墟的な表現を装った作品が例年数多く提出されることには危機感を持っています。一方で、近代建築を始めとした歴史的建造物再編への挑戦、隠れた事象や歴史、忘れられた社会性を持つ空間に対して批評的に取り組む事例が出てきていることは興味深い。記念すべき10回目を迎える次年度の応募作に期待したい。

◆

村梶 招子
Shoko Murakaji
ハルナツアーキ 代表

例年より作品数が多く、データとZoomでの一次審査は全体を俯瞰しにくいため、審査員の個々の判断が反映されたように感じます。全体的にプレゼンテーションが上手で、全ての作品に対して内容を読み込む必要があり、どの点が「歴史的空間」で、どう「再編」しているのかわかりやすい作品や、テーマが似ているものが多くオリジナリティがある作品に好感が持てました。「再編」後どこに向かうのか、最終的に提案する建築的空間の重要性も意識して欲しいです。

山崎 幹泰
Mikihiro Yamazaki
金沢工業大学 教授

建物や地域の歴史をよく調べ、プレゼンや作品に生かしているものも多くありましたが、国宝・重要文化財建造物の積極的活用や、近現代建築の保存問題など、歴史的建築に関する近年の社会問題を、正面から取り上げたものが少ないことが残念に思います。「再編」すべき「歴史的空間」をどう見つけ出し、他の作品とどう差別化を図るか、興味深いテーマの追求に今後期待したいと思います。

◆

吉村 寿博
Toshihiro Yoshimura
吉村寿博建築設計事務所 代表

応募総数167点から30作品を選ぶ一次審査がなんとか終わった。作品パネルが眼前にないというコロナ禍のオンライン審査は、特に多数の中から作品を絞り込む際に困難と感じた。卒業設計ベースの作品が多いのかリサーチは入念に行われた作品が多いが、その弊害か文字がかなり小さく情報が詰め込まれている。しかし、一番印象に残った作品はメインパースを見ればその視点（切り口）と提案（再編）が瞬時にわかるものだった。リサーチ偏重ではなく優れたアイデアとそこに浮かび上がる美しい空間が大切だと感じた出来事だった。

林野 紀子
Noriko Rinno
りんの設計一級建築士事務所

「歴史」「空間」「再編」この3つが揃っている案は意外と少なく、例年、課題の難しさを実感します。「歴史」は、過程であり変遷の連なりです。単なる「過去」を「歴史」としてしまっている例が多かったのは残念です。また、そこに「再編」が求められる理由についてもよく考えて欲しいと思います。現状のままでは何が問題なのかを意識すると、案が説得力を持つのではないでしょうか。以上を前提とした、魅力的な「空間」を評価したつもりです。

二次審査ディスカッション

二次審査では、審査員による事前審査と投票の結果をもとに議論し、ファイナルプレゼンテーションに進む10作品を選出。
併せて、ここで11位から20位の各順位を確定し、20選作品が決定した。

前夜に行われた
事前審査の様子

[日時]
2020年11月22日(日)
9:40 ～ 10:40

10作品を選ぶ二次審査スタート

林野 ではこれより、ファイナルプレゼンテーションに進む10作品を選んでいきます。かつ、11位から20位までの順位を決めるという2つの作業を進めて参りたいと思います。オンラインでの審査ということで固くなりがちなのですけれども、そこはなるべく柔らかい感じで、皆さんの活発な意見が出るように進めて参りたいと思いますのでよろしくお願いいたします。

まず、審査員の先生方には事前投票として、3点票を5作品、1点票を10作品に入れていただいています。そして、3点票を4つ獲得した作品が1位、2位、3位、3点票を3つ獲得した作品が4位、そして3点票を2つ獲得した作品が5位からちょうど10位まであります。7位に入っています48番だけが3点票が1つですが、他の先生方から満遍なく点を取っていますので少し順位の逆転が起こっています。そして11位から15位まで、3点票を取っている作品がパラパラとありまして、16位から下は3点票はないという状況になります。ここからファイナルに進む10作品を選んでいきたいと思います。現状、仮に順位が付けられていますが、得点の順に上からファイナルに持ち上げるのではなくて、あくまで目安ということにさせていただいて、議論の中でどの10作品を選ぶか、あるいは11位から20位を選ぶのかを決めていきます。最終的に得点と順位、あるいはファイナルに進むかどうかの齟齬が多少生じてしまうかもしれませんが、議論を優先という形で進めさせていただきます。ではまず、最高の13点を取っている9番の「密教」の作品、その次が首都高日本橋を扱いました142番の作品から見ていきましょう。この2作品に関しては、4人の先生方が3点を入れていらっしゃるということもあって、ファイナルに出場決定でよろしいかと思いますが、いかがでしょうか?

審査員一同 いいです。

林野 では、この2作品はファイナルに出場決定です。その次は3番目、12点を取っています北王子線の廃線跡を敷地にした102番の作品。それから1点下がりまして11点、こちらは3点票が3つ集まっていますが、岡山県庭瀬を敷地とした作品「家をほどき、水をむすぶ」です。ここまでは3点票の入り方と得点からファイナルに進むということでよろしいかと思いますが、いかがでしょうか?

審査員一同 いいです。

林野 では、こちらの2作品もファイナル出場決定とさせていただきます。では次の3作品を見ていきたいと思います。3点票を2つ獲得して5番目に着けておりますのが、愛知県一宮の神社の塀を敷地とした「神社境界の准え」。それから合計9点が2つありまして、酒蔵を敷地とした「積層する歴史」。もう1つが「灰で彩る桜島」。そしてそのあとに、合計8点が2作品、針江のカバタを扱った「生活のおすそわけ」と、秩父の武甲山を敷地にした「石灰降る街」。そして、もう1つの3点票獲得作品が「播州刃物が結びつける職人技」。ここまでで今の得点に従うと10作品ということになります。ただし、先ほど申し上げました通り、8位に入っております「生活のおすそわけ」は3点票が1つということです。

歴史的空間で生活する人と他者がどう共存できるか

林野 では、ここから11位から15位を見ていきたいと思います。11番目は3点票を1つ取っています「都市を『鋤く』」、新大阪の敷地を対象にした作品です。12位に着けていますのが、どなたも3点票は入れていらっしゃらないのですが、満遍なく票を獲得して合計4点ということで、伊勢の料亭「五峯庵」を改修した作品です。そして、点数は同じですが13位、3点票を獲得しているのが野沢温泉「ジレンマを繋ぐ三つの器」。同じく14位、15位も3点票を1つずつ取っている「見えない壁をこえて」と中銀カプセルタワーの改修です。ここから下は1点票だけになりますので、異存がなければこの5位から15位までの間から残りの6作品を選びたいと思います。まずは、ボーダーラインのところから見ていきたいと思うのですが、少し先生方に振りたいと思います。11位から15位、得点通りでいくと落選してしまうのですが、強く推される3点票を獲得している作品がございます。そちらへのご意見、応援を伺いたいと思います。まず、85番の「都市を『鋤く』」。こちらは松田法子先生が3点票を入れています。

松田(法) 提案の密度が力強いなと思うのと、都心や都市そのものをこれからどうしていくかということを考えるという課題が、感染症の流行という今年の思いがけない状況の到来で喫緊になったタイミングを考えても、1つの提案としては時宜を捉えているとは思います。そこに描かれている絵の中に、生活が想像できるような一定の具体性が垣間見えたように思えたんですね、他の提案と比べても。ただ一方で、都心は都心だと思うのです。やはり、都市機能が高密に集積してきた場所にはそういう文脈があるし、それこそ歴史的な意味があってそうなっている。だから、そこで生じた余白、ここでは不良債権地ですか、そうした余白が農地に変換されるということで良いのかという点には疑問が残っています。

林野 はい。次は41番「野沢温泉」を推していらっしゃる長谷川先生、コメントをいただけますでしょうか?

「都市を「鋤く」」 KSGP20085
［大阪府 淀川区 西中島］

都市の「不良債権化した余剰空間」を歴史的空間と定義し、また、それらを「都市的資源」と捉える。そこに「里山的循環」を持ち込むことで、資源を用いた無意識的な相互扶助の関係、いわば「都市的共同体」を提案する。低密度化する都市部で、人々は無機質な空間を鋤き、新たな生活を根付かせていく。

「ジレンマを繋ぐ三つの器 KSGP20041
-野沢温泉村における村民の生活文化の継承と観光システムへの転換-」
［長野県 下高井郡 野沢温泉村］

観光システムの転換が求められる野沢温泉村において、歴史的な外湯文化からできた回遊型観光動線に、生活と観光の複合拠点を提案する。村のコンテクストから既存の観光システムに付加するように提案することで、連続した観光の賑わいを演出し、かつ村民の生業が伝統的に続き、村が永続的に繁栄する。

長谷川 歴史的空間の再編がコンペのテーマで、金沢を昨日今日歩いただけでも多くの観光客がいて、やはり歴史的な空間とそこで生活する人と訪れてくる他者がどのように共存できるのかというのは、このコンペのテーマの軸の一つになり得るのではないのかなと思っています。デザインそのものはどこまで上手く答えられているのかまだわからないのですけれども、場所の選定や論点の取り出し方はいいプロジェクトなのではないかなと思って票を入れました。

林野 では次に、177番に3点票を入れていらっしゃる塚本先生お願いします。ハンセン病の作品です。

塚本 初めはよくわからなかったのですが、図面を読んでいくにつれて、ハンセン病について詳しくない私でも、その歴史やそこで暮らした人たちの無念さなどが読み取れるようになっています。ハンセン病に対する誤解や偏見が生み出した閉ざされた空間を通して、社会の閉鎖性が浮かび上がるかのようです。まず壊された隔離壁の位置に、トレンチが掘られていくのですが、その深さはハンセン病の患者数の推移を転写したもので、患者数が増えればどんどん深くなって、そして壁は高くなっていって、それで患者数が少なくなってくると上がってくるという、そういう仕組みなんですよ。そこに遺族に引き取ってもらえなかった方々が1,333人いて、その人数分だけ窓が開いて、というような話です。上に行くと患者さんが移動するために屋根付きの廊下が張り巡らされていて、それが違うフォーメーションでまたありまして、日本中のハンセン病の隔離施設を結んだ軸に沿って入っていくというような、建物を壁沿いに歩いていくとハンセン病とは何だったのかということを、ある意味学べるような施設になっていて、歴史的空間再編なのかというと少し議論があるのかもしれませんが、むしろハンセン病の歴史を建築的な造形に翻訳したみたいな施設なんですよね。今までにこのような作品がないことはないのですが、今までで一番上手いかなと思います、このやり方に関しては。随分考えがまとまっているなと思って、表現もとても簡潔ですしね。いいなと思っています。

林野 はい、では上の方に戻りまして、5位、6位、7位に着いている作品に関しまして、9点を取っている作品ですね。こちらも3点票にプラス得点としてかなり1点、2点上にいっていますので、異存がなければここまでもファイナル進出決定とさせていただきたいのですがいかがでしょうか? 一宮の「神社」、「酒蔵」、「桜島」までをファイナルの議論のまな板に上げるという感じです。

塚本 「桜島」もあるのね。

宮下 2名以上の3点票の人がいるという意味ですね。

林野 はい。その下にも9位、10位の「武甲山」と「播州刃物」、2点で3点もいるのですが、総合点で少し差があるかなと捉えて7位までを決定したい。そうしないと全体が収斂しないという感じです。

松田(達) 「中銀」はよろしいのでしょうか?

林野 大変失礼いたしました。「中銀カプセルタワー」にも松田法子先生に票を入れていただいたのでした。

松田(法) 個人的にはかなり面白いと思っています。中銀の保存はいろいろな風に話題になってきたのですけれど、こういうタイプの提案はなかったと思うんですよね。中銀に代表的なように、新陳代謝、メタボリズムということをテーマにしながら、メタボリズム建築では結局シャフト部分の老朽化が建物の存続上は一番の実際問題なのです。だから細胞つまりカプセルを変えるという構想は、たとえそれを取り替えられたとしても、シャフトつまり動脈か内臓みたいなものの老化で死に至るしかない。この提案は、実際にはそういう弱点を抱えるメタボリズム建築を、使わない、生きながらえさせないという計画である種転生させようとする。納骨堂という用途もそのコンセプトに対応的だし、万博公園という移転地の設定まで狙いが一貫している。つまり戦後日本建築のメメント・モリ。そして弔われる感じ。埋められちゃうんですから。中銀のカプセルが万博公園に移動されたあとコンクリート詰めになっている。そうやって覆われるのだけれど、でも丸窓という中銀の外観的な特徴は、墓標みたいなこのコンクリートの塊に孔を穿っているんですね。誰もがわかる中銀のイデアルな要素は、埋葬されたあとも表出している。そういう重層的なストーリーが最後まで上手く連動していると思えて、私にはとても面白い提案に感じられたわけです。

話を聞きたい、絶対に推したい作品

林野 では話を戻しまして、66番「桜島」までファイナル

進出を決定したいと思います。残り8位から中銀の15位までの間から3作品選んでいくという形を取りたいのですが、ご同意いただけますでしょうか?

塚本 終わらなくなってしまうもんね。

林野 はい、ではそうさせていただきます。7位の「桜島」までをファイナル出場とさせていただきます。では、次にこの残された8作品から3作品を選ぶという作業に入っていきたいと思います。またこのあと、11位から20位までを決めるという作業もありますので、議論が途中になっておりますがご了承ください。まだコメントをいただいていない作品について少し振り返っていきたいと思います。カバタを取り入れた「生活のおすそわけ」ですが、こちらは宮下先生だけが3点を入れていらっしゃいます。宮下先生、コメントいただけますか?

宮下 私はこの「カバタ」というものを今回初めて知ったので、まずそれにとても惹かれたというところがあります。これを見ると、水船に似たようなものなのかもしれません。この「カバタ」が、建築の使い方を内外つなげながら広げているイメージを与え、非常に魅力的に見えました。正直、建築への回答というところでは、少し弱いと感じたのですが、それをどうやって社会に対して開いていくのかというところを、一つひとつ丁寧に考えているなという印象を持ちました。実を言うと、最後に3点を入れた作品ではあるのですが、3点作品として選びました。

林野 では、次の武甲山を取り上げた「石灰降る街」。こちらは松田法子先生と腰原先生が票を入れていらっしゃるのですが、腰原先生にコメントをいただけたらと思います。

腰原 歴史的空間の空間はどんなサイズなのかというときに、割と小さい話が多かった中で、こういった大きい空間を捉えるのは圧倒的に風景としてかなり影響力のあるものなので、こういうものをどうやって取り扱っていくのかというのを一度議論してみるのは面白いのかなということで、3点票を入れています。

林野 では次の「播州刃物」。こちらは長谷川先生と腰原先生が3点を入れていらっしゃいます。長谷川先生、コメントをいただけますか?

長谷川 屋根のジョイント部分に入れる金物がユニークな形を持っている。構造的な合理性は怪しいなとも思っているのですが、プレゼンテーションを聞いてもう少し詳しく聞いてみたいなと思っていました。

林野 では少し飛びまして、36番「調理場の継承」。こちらは1点を入れていらっしゃる先生が4人いますが、代表して腰原先生、コメントをいただけますでしょうか?

「技工の短冊 KSGP20043
－播州刃物が結びつける職人技とともにある街の提案－」
［兵庫県　小野市］

使用する刃物が作業精度に大きく影響する職人から多くの支持を集める、兵庫県の播州刃物。現在鍛冶屋は衰退の傾向にあることから、将来他の職人業にも連鎖的な打撃を与える恐れがある。鍛冶職人の新たなあり方を支援する建築。

「生活のおすそわけ－湧水文化の継承と再編が循環する住まい－」
［滋賀県　高島市　針江］ KSGP20048

このまま何もしなければ針江のカバタも他の湧水利用文化と同じように消滅すると考える。カバタのある生活を歴史的空間と捉え、カバタを知る人々が残る今だからこそ、その生活を移住者におすそわけしつつ、湧水利用を取り入れた新たな住まいを提案することで、針江の住民と移住者を繋ぎ、再編する。

◆
◆
◆

腰原 バランスで言ったときの真ん中辺りの大きさのものというように、1個の建物をどうやって残していくかというときに、そのままの凍結保存というか、元のまま残していきましょうという残り方に対して、何かを足すことによって今の現代の生活スタイルなどに合わせていこうという試みの中では面白かったかなというところでした。

林野 8作品から3作品を選ぶ中で一通りコメントをいただけたと思います。そうしましたら、ここから先は点数はいったん保留にして、自分はこの作品をどうしてもファイナルに連れていきたい、出展者の話を聞きたいというものを選んでいただきたいと思います。絶対に推したいという作品はございますか?

塚本 私はこのハンセン病の177番を残したいですね。

長谷川 裏になってしまった場所を再編によって開くというアプローチは、26番と48番と152番のクリーク辺りで議論が似てきてしまうのかなと思うので、11位以下になっているものを上げるのであれば、たとえば48番は一度考え直してもいいのかなと思いました。

林野 宮下先生も最後に票を入れたという話がありましたので、48番を括弧にさせていただいてもよろしいでしょうか?

宮下 はい。

林野 はい、では残り7作品から3つを選んでいきます。順番に伺っていきたいと思います。自分はこれをどうしてもファイナルに持っていきたいという案ですが、腰原先生いかがでしょう?

腰原 いやらしいところに3票を入れているから難しいところですが、そういう意味でいくと43番の「技工の短冊」は、全部一掃して綺麗にしましょうというのではなくて、的の中の取捨選択をして、それぞれに見合った改修をして整えましょうというもので、他の案は「全部なくして綺麗にしましょう」、もしくは「全部残しましょう」みたいな感じなので、そういう取捨選択をしながら進化をしていく、あるいは継承していくという意味では43番は話を聞いてみたいなと思いました。

林野 では並びでいきましょうか。長谷川先生、いかがでしょう?

長谷川 僕が票を入れている41番の野沢温泉の案は、話としては先ほど指摘した、裏表をつくって村民の生活と観光を共存させるというやり方なので、強く推しません。

林野 わかりました。ではこちらも括弧に入れさせていただいてよろしいでしょうか?

長谷川 はい。

ファイナルに進む10選が決定

林野 では6作品から3つを選ぶというフェーズになって参りました。次に松田法子先生、いかがでしょう?

松田(法) 水路を扱う提案がいくつかあった中で、特に立地の選定について26番は気になった点があります。ここは2018年に大水害があった、岡山県倉敷市の真備地区からあまり離れていないんですよね。真備地区よりも周辺河川は細いようですが、地形や気候条件は共通しています。近年、九州や西日本に豪雨をもたらしている線状降水帯の発生は今後も繰り返される可能性が高い。つい最近死者を出した水害地のごく近くで、この提案内容はちょっと無邪気に思える。大丈夫なのかなと。

林野 では松田達先生いかがでしょうか?

松田(達) この中だとなかなか難しいのですが、コメントだけでしたら「都市を『鋤く』」という作品は、全体的にプレゼン密度が高く、特に循環の在り方をダイアグラムで示しているところが印象的です。オーナー、ブリーダー、バイヤーといった言葉などで仕組みが示されていますが、こうした空間の背後の仕組みをどう考えているのかというところは、これまでの歴コンでもあまり話に出たことはなかったと思うので、興味はあります。

林野 興味がありますというコメントに留めておきますか? それともファイナルに持っていきたいと…。

松田(達) いえ、コメントまでで大丈夫です。

林野 承知しました。では宮下先生はいかがでしょうか?

宮下 私は、秩父の作品が他のものと比べて大きいスケールで歴史的空間として捉えているという点が気になっています。その点で言うと、秩父を10作品に残したいと思いました。自然の形状自体を歴史的空間として捉え再編していくという点では、他の作品のまちのさまざまな生活を顕在化するものと違う論点として、10作品に残しても申し分ないのかなと思いました。

林野 一通り先生方に伺った中で、残したいという声がありましたのが「武甲山」、「播州刃物」、「見えない壁」、「中銀」の4作品になります。もしよろしければ11作品になりますが、この4作品を合わせまして、ファイナルに進出という形にさせていただきたいのですが、いかがでしょうか?

塚本 11でいいの?

長谷川 10にした方がいいのでは。

林野 ではもう1つ落としますか?

塚本 「播州刃物」はどういう感じになっているの? 屋根が浮いていてその中に小屋が立っているみたいな感じ?

林野 3つのモチーフを使って耐震の補強をするということが書かれてはいたのですけれども、具体的な形が書かれていなかったですよね。

塚本 プランは書いてあって、この3つは同じものなの? 少し読み取れなかった。違う敷地なんだよね? この3つの違いに何の意味があるかが少しわからなかったかな。なぜ1つで勝負しないの?

長谷川 そこは話を聞いてみますか?

林野 疑問が生じたから呼びたいというパターンもあるかと思いますが。

松田(法) 鍛冶屋さんを商店街に集めるんですよね。鍛冶はまち中でやると防災上どうなんですかね。火災的な話というか。

林野 まちの鍛冶屋さんを中心にまた再構築していくというような案だったかと思います。提案としていろいろ疑問点が多く残る案であったことは否めないかなと思います。

長谷川 その意味で言うと「武甲山」はだいたい話がわかるなと思う。シチュエーションなども明快にパネルにまとめられていたと思います。

林野 はい。なんとなくの雰囲気ですっきりわかる「武甲山」はこのまま置いておいて、「播州刃物」を呼んで話を聞きたいという声が多数という感じがしたのですが、いかがでしょう?

松田(達) ちなみにファイナルの時間的にはどうですか?

スタッフ:10作品でお願いします。

林野 はい、わかりました。ではもし異論がなければ、「武甲山」は惜しくもここでありがとうございましたということで、二次審査には「播州刃物」を…。

腰原 そういうこと?

塚本 「播州刃物」、「見えない壁」、「中銀」か…。

腰原 聞かなくてもわかるというものと、聞いた方がいいというものだと、どちらかと言えば聞かなくてわかる方が上ではないのですか?

林野 おっしゃる通りです。順位を付けるとすればそうなりますが、ただ、大きな違いとしてはファイナルでは学生さんがZoomで参加してくださいます。

塚本 私はつい最近武甲山を見たのですけれど、結局ここで削られたものはどこかでコンクリートになっているという、そういう見えない広がりがあるんですよね。その問題にどう答えているのかは興味があるところですが、パネルだけではそれがわからなかった。だから「播州刃物」がやはり少し怪しいかな。

林野 お時間が迫って参りまして、多数決にさせていただきたいと思います。今の話の流れではあと1作品ということで「播州」か「武甲山」か、挙手でお願いしたいと思います。では、「武甲山」の話を聞いてみたい、ファイナルに持っていきたいという方、挙手をお願いいたします。ありがとうございます。決着いたしました。では133番「武甲山」をファイナルに進めたいと思います。これで10作品が決まりました。

ファイナル進出を逃した作品たち

林野 ではここから、残りの11位から20位の順位を付けていきたいと思います。同点で同位というのもありとさせていただきます。残念ながらファイナルを逃したのは「カバタ」、「播州刃物」、「都市を『鋤く』」、「調理場」、それから「野沢温泉」です。話の流れでは11位が「播州刃物」、12位が「カバタ」かと思いますが、よろしいでしょうか?

審査員一同 はい。

林野 では13位。こちらもまた惜しくもファイナルを逃しましたが、議論のまな板には上がりました「都市を『鋤く』」と「野沢温泉」を同率の13位とさせていただきたいと思います。

松田(達) 48番「生活のおすそわけ」は、全作品の中で全員票を入れたのはこれも含めた2作品だけなのですね? 48番は最初、全体的に水の話が多いということで落ちたのですが、この作品が悪いというわけではないので、もっと評価されていいのではないかと思います。

長谷川 48番が11位で「播州刃物」が12位の方がいいのではないかということですか?

松田(達) それくらい上げても良いかと。

林野 なるほど。48番に全員票を入れているので、11位にした方がいいのではないかということでしょうか。では、松田達先生がおっしゃられた案を採用したいと思います。48番が11位、「播州刃物」が12位ということにさせていただきます。13位は同率で「野沢温泉」と「都市を『鋤く』」です。そして14位は、今まな板上に乗った中で「調理場の継承」…。

松田(達) 同率13位なので飛んで15位?

林野 そうです。15位ということにさせていただきたいと思います。これで今まで議論のまな板に乗った、ファイナル出場の1位から10位、プラス11位から15位が確定しました。

では、次は62番からいきたいと思います。62番が今のところ3点を取っていまして16位ですね。20位までで切りますと、点数が3点で並んでおりまして、229番「小坂時間旅行」までが22位となっています。ですのでこの7作品の中で16位から20位を決めていきます。こちらは完全に点数は一緒ですので、議論の中で決めていきます。一通り作品を見ながら先生方にコメントをいただきたいと思います。まず62番「流転する築地」。こちらに点を入れていらっしゃいます松田法子先生、コメントをいただけますでしょうか?

松田(法) 築地は昨今いろいろ話題になっていますが、まずはあえてそこに取り組むという設定への評価。築地市場跡の発掘調査では、これまで実態がわからなかった汐入の大名庭園の遺構が去年確認されています。松平定信の浴恩園で、浜離宮みたいな大庭園です。この提案はその現場の掘削に伴って発生するランドスケープと建築を関わらせようとしている。それがポジティブな評価点です。一方ネガティブな評価点としては、そうやって変わっていく土地に対して提案されている遊歩道路というか園路というか、歩く場所と一体になったこの建築のデザインはかなり固定的なのではないかということです。地面の掘り下げが進むと、園路の一部は橋状に浮いてくるのだと思うのですけれど、園路のサーキュレーションは変わらない。つまり、地面の形やレベルが変わっていくという動きや、流転という提案テーマから見ても、ここに描かれている建築は傍観的なのではないかと。あと現実的な点としては、園路が閉じているので、発掘などのための重機がそもそも敷地に入れません。その辺がどうなのかといったところですね。

林野 では次に80番「小さな環境」という作品です。こちらは地元金沢を対象にした作品だったと思うので宮下先生、コメントをいただけますか?

宮下 この作品は、建築をリノベーションしていくということよりも、一個一個の場所が持っている魅力というものをより丹念に調べ上げて、その魅力が人々の動きの中にどのように見えてくるかということをテーマにしているように感じました。1つの遊歩道というものを使いながら、つながった物語として街並みを構成していくという感じですかね。そうやってまちの価値をもう一度取り戻そうとしているところが非常に楽しく見えたので、1点を入れています。

林野 次に121番「東京暗渠再生」。和泉川を対象にした作品だったと思うのですが、こちらは松田達先生、コメントをいただけますか?

「東京暗渠再生」 KSGP20121
［東京都 神田川 笹塚支流暗渠］

東京という都市の記憶の断層、線上の空白として残されている場所がかつて川だった場所「暗渠」である。かつての川が蘇るように、暗渠から芽吹き育つ環境装置は、雨水を運び、空気を浄化しながら街全体へと拡がり、やがて暗渠を負のインフラから都市を再生する動脈へと変えていく。

松田(達) はい。東京のこの辺りは暗渠がたくさんあるなと前から気になっていたのですが、それをどういう風に使ったらいいかということで、かなり具体的に、周辺にキッチンやシェアオフィスなど、今の生活様式を入れながら暗渠を使っていくということを提案しています。プレゼンテーションもかなり詳細で、おそらくここに書いてあること以外にもさまざまなリサーチをしたうえで成立しているプロジェクトという気がするので、僕は面白いと思っています。

林野 そうしましたら次は152番。佐賀のクリークを取り上げた作品ですが、こちらは長谷川先生、コメントをいただけますか?

長谷川 川系の作品が多かったと思うのですけれど、その中で表現も含めて丁寧に設計されているものの1つかなと思います。ただ少しパースが過剰というか、少し商業的な表現になってしまっていて、もう少し場所の背景に迫って欲しかったとも思っています。

林野 では次に192番。紀伊國屋ビルディングを取り上げた作品ですが、こちらは腰原先生、コメントをいただけますか?

腰原 難しいですね。いろいろサーベイして、いろいろ裏のデータはたくさんあっていいのだけれど、最後にたどり着いたところが少しどうしちゃったのかなというところはありました。

林野 次が205番「都市の商住共棲」。葛飾区の立石という商店街を取り上げたものだったかと思います。こちらは松田法子先生、コメントをいただけますか?

松田(法) 少し難しいなと思いながら最後に入れた1点だったかもしれません。こういったところは結構いろいろあって、基本的に戦後の焼け野原にできた闇市を整理してできた住宅併設の店舗が並ぶ商店街で、この立石仲見世商店街もそうだということなのですが、そこが今は、上階にはほぼ住んでいないと。そこにもう一度住もうという提案はありだと思いますが、今の立石も魅力的だし、場所の性格は際だっている。そういうあらかじめ魅力的な場を選んだ上で、そこに再度住むという提案だけで良いのかと、少し迷っていたところです。

林野 最後に229番「小坂時間旅行」。こちらは東北の小坂を取り上げたものですが、塚本先生お願いします。

塚本 これも私は最後に1つ票を入れなければいけないので入れたのですが。

林野 鉱山があったまちで、劇場なんかもあるところですよね。

塚本 これも「武甲山」と同じだけれど、ある時期に鉱山のまちがわーっと盛り上がってそれでそのまま衰退していくという産業構造でした。もっと安いエネルギーが手に入るようになってしまって、どんどん寂れていくという。その存在はすっかり産業遺構で、たとえば武甲山なんかはどちらかというと切った方の、山の方の等高線に沿って筋が入ったあの状態がある意味痛々しいんだけど、同時に見事だなと。それに対して周りにあるまちにも目を向けて、鉱業が起こることによって出来上がったものの2つの違う側面だと思います。暮らしに近い方のものを問題にしているので、そこまで広げて考えた方が面白いと私は思っているんですよ。「武甲山」にも1点を入れたけれど、同じように229番にも1点入れようかということで私としてはフェアですね。

「歴史的空間なの?」という視点

林野 ではここまでで、16位から22位になり得る作品にコメントをいただけました。点数を付けるのも非常に難しいのではないかという気がしてきているのですが…。

塚本 ここからは「歴史的空間なの?」という視点で。

林野 歴史的空間を捉えているのかどうか。

塚本 歴史的空間なのかな、というのがやはりあると思うんですよね。たとえば生態系の再解釈というのはどちらかというと生物多様性の話になります。もちろんクリークも含めての話だと思いますが、強引かなと。「東京暗渠再生」というのも、結局地下に下水道のパイプを残しているのかな? それならいろいろなところでやられている、せせらぎの再生と変わらない。水を上に吸い上げて捨てるみたいなその仕組みがよくわからなかった。暗渠も歴史的空間なのだろうかと思いました。

林野 歴史的空間とは何かという問題はこのコンペの大きなテーマでありまして、毎年いろいろな審査員の先生方に最終的にはそこを伺いたいという気がしているので、ファイナルでもおそらく上がってくるかと思います。ここ数年、歴史的空間の解釈の幅が非常に広がっている印象を受けていまして、たとえば塚本先生からお話がありました自然の形態や、あるいは歴史ではなくて単なる過去であるとか、あるいは人々の記憶であるとか、そういったものも敷地というか対象として取り上げてくるということがございます。ファイナルではその辺りを各審査員の先生方にもご意見を伺いたいと思いますので、少し前振りしておきます。

塚本 だから私の提案は121番、152番も外して、残りは同率16位にするのがいいかと思います。でもそれも決めた方がいいのかな、細かく。

宮下 皆さんにご異論なければ同率の16位でも構わないかなと思います。この作品が3つの中で抜け出ているという判断であれば別ですが。

林野 今おっしゃったように、もし他の先生方で、いやいや同率ではない、この作品は一歩出ている、もしくは一歩下がっているというご意見がありましたら伺いたいと思います。

松田(達) いちおう聞いておきたいのですが、同率で全部16位になるなら、この7作品全部を同率16位というのはありですか? 20作品より多くなってまずいことはありますか?

林野 それは大丈夫ですよね。塚本先生が121番と152番は少し歴史的空間の捉え方がよろしくないので、同率から外した方がいいのではないかと、そうすれば綺麗に20位になるのではないのかとありましたが、いかがでしょうか?

塚本 何だろうね決め手は。

長谷川 このコンペでは20選というのがあるわけですよね。それは決めた方がいいと思います。

林野 それでは、先ほどの塚本先生の意見を採用させていただきまして、62番、80番、192番、205番、229番を同率の16位とさせていただきたいと思います。これで20位まで決定しました。おめでとうございます。

二次審査結果

二次審査ディスカッションを行う前に、事前投票として各審査員が3点票を5作品に、1点票を10作品に投じた。二次審査ではこの結果をあくまで目安として議論し、ファイナルプレゼンテーションに進出する10作品を選出。また、11位から20位の各順位が確定し、20選作品が決定した。

出展ID	出展者	作品名	腰原	長谷川	松田法	塚本	宮下	松田達	合計	結果
KSGP20009	髙木 駿輔（東京都市大学大学院）	准胝塔		3	3	3	1	3	13	ファイナル進出
KSGP20010	遠西 裕也（東京都市大学大学院）	積層する歴史	3		1	1	3	1	9	ファイナル進出
KSGP20026	吉本 大樹（近畿大学大学院）	家をほどき、水をむすぶ	1	1		3	3	3	11	ファイナル進出
KSGP20036	北岡 彩那（滋賀県立大学大学院）	調理場の継承	1		1	1	1		4	20選（15位）
KSGP20040	出口 絢斗（京都工芸繊維大学大学院）	超密都市の余白に揺れる筏			1				1	
KSGP20041	堀田 翔平（信州大学大学院）	ジレンマを繋ぐ三つの器		3				1	4	20選（13位）
KSGP20043	黒田 悠馬（京都工芸繊維大学大学院）	技工の短冊	3	3		1			7	20選（12位）
KSGP20048	佐藤 駿介（日本大学）	生活のおすそわけ	1	1	1	1	3	1	8	20選（11位）
KSGP20062	須貝 仁（日本大学大学院）	流転する築地			1	1	1		3	20選（16位）
KSGP20066	七五三掛 義和（東京理科大学大学院）	灰で彩る桜島		3	1	3	1	1	9	ファイナル進出
KSGP20077	高橋 遼太朗（日本大学大学院）	400㎜の集積体	1			1			2	
KSGP20080	宮下 幸大（金沢工業大学大学院）	小さな環境	1	1			1		3	20選（16位）
KSGP20081	田口 正法（熊本大学大学院）	竹住物語						1	1	
KSGP20085	鹿山 勇太（大阪工業大学大学院）	都市を『鋤く』	1		3			1	5	20選（13位）
KSGP20102	渡邉 康介（日本大学大学院）	エレメントが動く時	3			3	3	3	12	ファイナル進出
KSGP20114	樋口 明浩（日本大学大学院）	御柱祭 千年ノ歴史を望む					1		1	
KSGP20121	中村 美月（日本大学大学院）	東京暗渠再生		1			1	1	3	
KSGP20124	川上 樹（立命館大学大学院）	ナマモノ座								
KSGP20133	藤川 凌（早稲田大学大学院）	石灰降る街	3	1	3	1			8	ファイナル進出
KSGP20142	横畑 佑樹（日本大学大学院）	切断すること、それは繋ぐこと	3		3	1	3	3	13	ファイナル進出
KSGP20150	張替 依里（早稲田大学大学院）	メメント・モリの継承			1			1	2	
KSGP20152	土田 昂滉（佐賀大学大学院）	拝啓、小さな隣人たちへ。	1	1			1		3	
KSGP20177	原田 秀太郎（早稲田大学大学院）	見えない壁をこえて		1		3			4	ファイナル進出
KSGP20179	児玉 祐樹（名古屋大学大学院）	神社境界の准え	1	3	1	1	1	3	10	ファイナル進出
KSGP20191	竹内 一輝（東京藝術大学大学院）	寂滅の新陳代謝		1	3				4	ファイナル進出
KSGP20192	坂上 直子（工学院大学大学院）	記憶を用いた建築の転生	1	1				1	3	20選（16位）
KSGP20198	柿坂 信（京都工芸繊維大学大学院）	移ろいゆく果樹の景								
KSGP20205	中村 正基（日本大学）	都市の商住共棲	1		1			1	3	20選（16位）
KSGP20229	勝部 秋高（日本大学大学院）	小坂時間旅行		1	1	1			3	20選（16位）
KSGP20235	舛友 飛斗（熊本大学大学院）	曙光瓦					1		1	

グランプリ

見えない壁をこえて ハンセン病を辿る資料館

KSGP 20177
原田 秀太郎 Shutaro Harada
早稲田大学大学院 創造理工学研究科 建築学専攻

差別偏見のあったハンセン病。
患者の減少に伴い薄れゆく記憶。
この痛みを建築で残し、
伝えていくことはできるのか。
差別偏見の「壁」の先に見えるものとは。

隔離の象徴でもある既存の隔離壁に纏わりつくランドスケープのような建築によって、ハンセン病の歴史を辿り、暗く大きな過去を越えた未来を示す資料館を提案する。

計画地は熊本県にある国立ハンセン病療養所菊池恵楓園。周囲は木々に覆われ中の様子は外からでは見ることができない。

国立ハンセン病療養所 菊池恵楓園

そもそもハンセン病とは、感染力の低い病気であるが、以前は国による隔離政策が行われており、患者に対する差別偏見があった。また当時計画された隔離施設では現在入所者数は減少しており20年後にはいなくなると考えられる。

そこでハンセン病患者の受けた痛みや記憶を、展示資料や映像だけではなく建築によって残し伝えていく資料館を提案する。

この菊池恵楓園には患者と職員を分ける隔離壁が設置されていた。この差別偏見の象徴とも言える隔離壁の一部に以下4つの空間構成を持った資料館を設計する。

Ⅰ. 入所者数推移を辿る

隔離壁に沿った大きな谷。この谷はこの施設の開所時から未来までの患者数の推移を示したグラフに沿って掘っており、患者数が0人の時をGLと設定し、一人あたり10mmの深さを掘ることで最多時には17mにもなる深い谷となる。

Ⅱ. 12+1の軸

隔離壁を縫うようにジグザグと計画された地下通路。これらの軸線は全国13ヶ所のハンセン病療養所の納骨堂を指した軸となっている。

Ⅲ. 追悼の1333の開口

また、この建築がただの資料館ではなく、追悼の場となるように隔離壁全体に1333の開口を穿つ。これは納骨堂に納められている遺骨の数で、全て違う大きさの開口となるように設計している。

Ⅳ. ハンセン病を追体験する12の空間

地下通路の交点となる12ヶ所の地下空間。既存の施設跡をトレースした地下空間に、光や柱、水など様々な建築的要素を用いながらハンセン病の中でも主要な12の出来事を建築空間として表現している。

無数の開口が穿たれた隔離壁を縫うように12の空間を巡った後、最後、グランドレベルに上がると大きなスロープが空に向かって伸び、その先には阿蘇の雄大な自然が広がる。

この構成によって差別偏見の暗く大きな過去を越えること、そして壁を越えた先の明るい未来を示す建築となる。

隔離という負の歴史をこの建築によって地に刻むだけではなく、負の歴史を越えた未来を示す更なる歴史的空間再編の提案である。

01 ハンセン病

ハンセン病（Hansen's disease, Leprosy）：抗酸菌の一種であるらい菌の皮膚のマクロファージ内寄生および末梢神経細胞内寄生によって引き起こされる感染症．手足の末梢神経の麻痺や皮膚に病変が生じることがあるが、現在は医療の発展により後遺症が残ることなく、完治することができる。

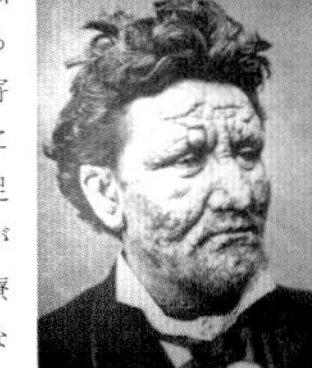
皮膚が変形したハンセン病患者

02 国による隔離政策

国内では国立ハンセン病療養所が計 13 ヵ所で開所され、療養所は隔離壁の設置であったり、島全体を療養所として計画されたり、ハンセン病に対する差別・偏見を加速させた。

隔離壁のある菊池恵楓園（熊本県）

03 減少する療養所入所者

高齢化に伴い国立ハンセン病療養所の入所者数は年々減っており、2040 年には入所者はいなくなると考えられる。

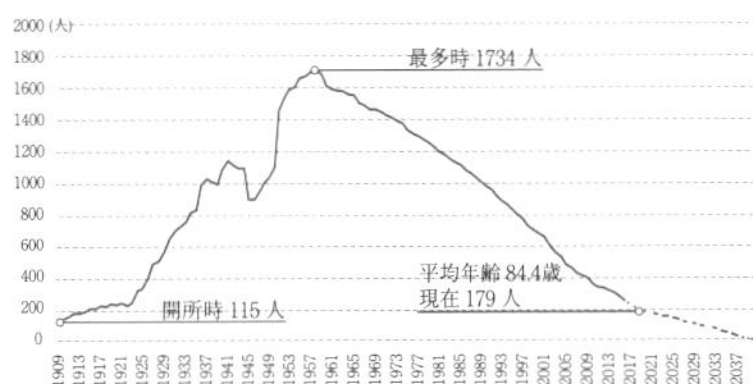

04 ハンセン病を辿る資料館

空間を通してハンセン病を知る

現在あるハンセン病の資料館は、資料の展示や映像の上映のみで建築の空間としてハンセン病を体験する事は出来ない。そこで、ハンセン病史の中から重要であった出来事を抽出し、その出来事から空間を作る事で、空間を通してハンセン病を知ることができる新しい資料館を提案する。

現在菊池恵楓園にある資料館の様子

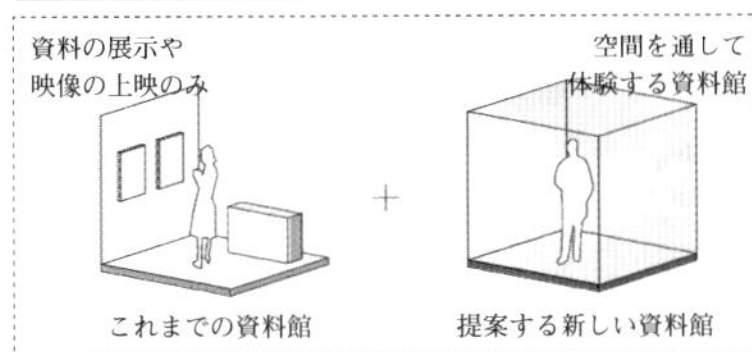

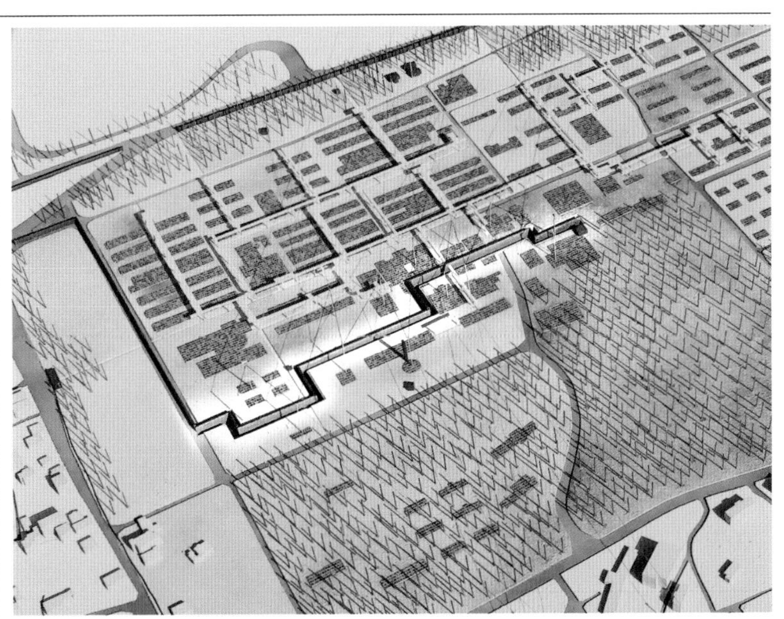

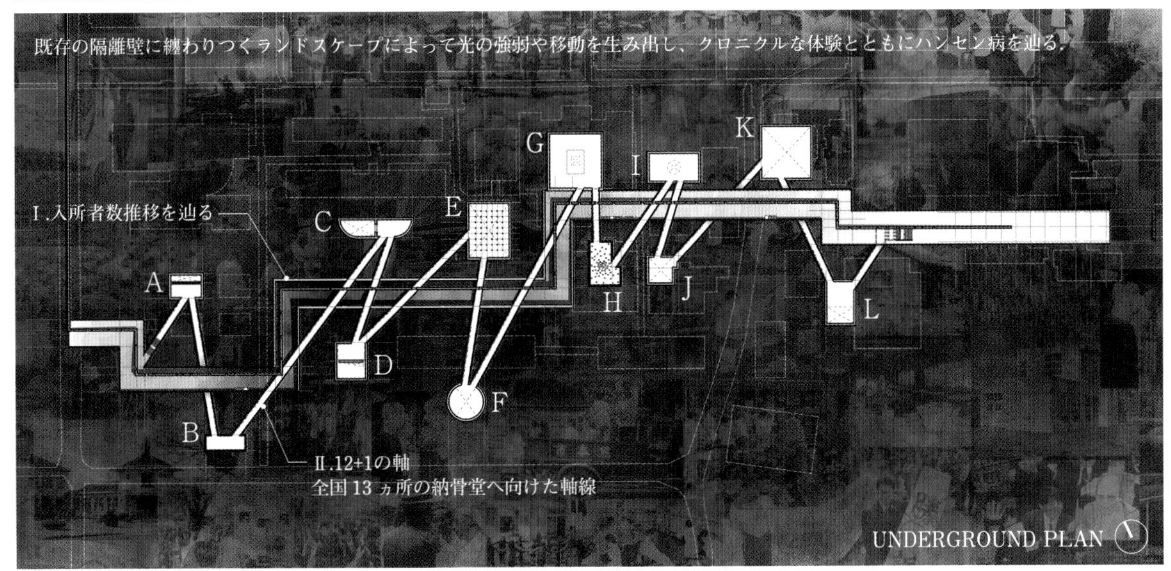

IV.ハンセン病を追体験する12の空間

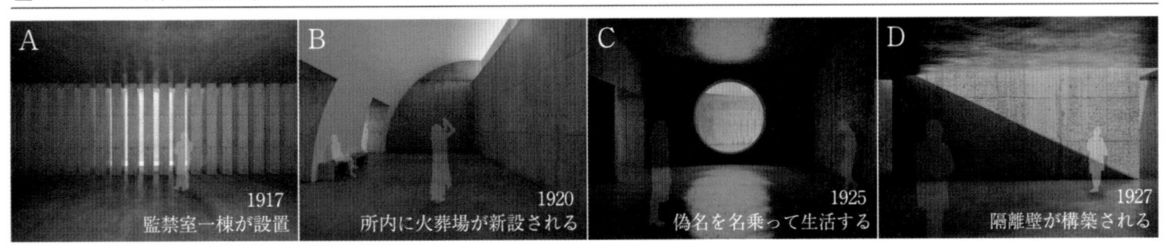

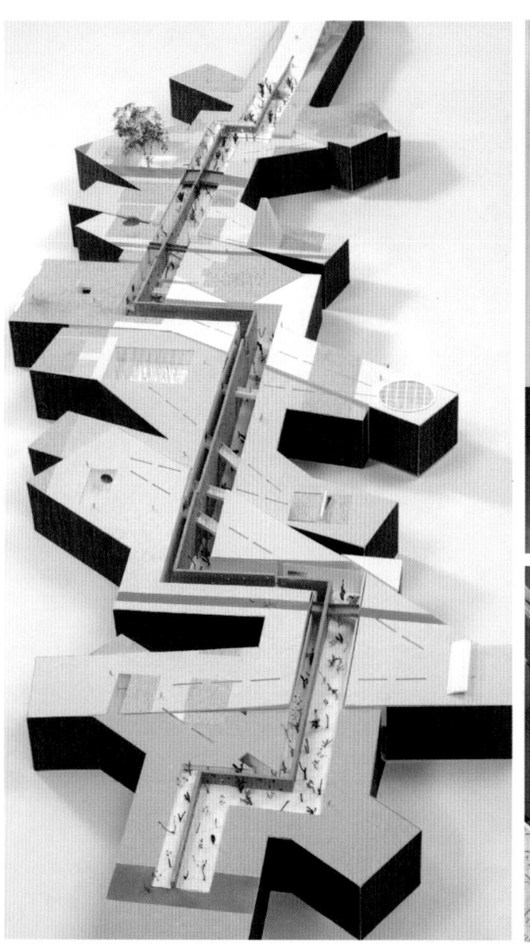

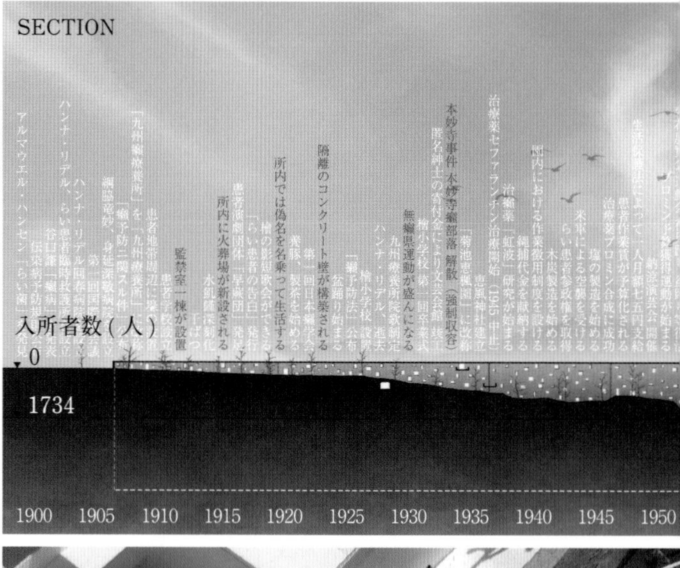

隔離室を縫うように巡る地下通路

E 1929 無癩県運動が盛んになる

F 1935 プロミン治癒第一号 退園

G 1940 人工妊娠中絶が行われる

H 1948 本妙寺事件（強制収容）

質疑応答

塚本 これは言うなれば負のモニュメントみたいなものだと思うのですが、負のモニュメントというものが世の中にはあまりないですよね。原爆ドームがあるくらいかな。あとはひめゆりのメモリアルが沖縄にありますが、原田さんが負のモニュメントみたいなものに惹かれているんだよね。なぜそれをつくるべきだと思ったのですか?

原田 元々設計し始めたきっかけが、僕は熊本県出身でして、この敷地が祖父の家に行く途中にあります。そういう場所とは知らずに通っていたのですが、大学3年生の頃に、ここがそういう場所だということを知りまして、調べていくとかなり悲惨な出来事があって、それまでずっと住んでいながら知らなかったことにショックを覚えまして、建築としてきちんと残していくことが、建築家として提案すべきことではないかと考え設計しました。

塚本 説明がなかったので聞きますが、太陽回転室とは何のこと? それは元々あったの?

原田 おそらく、ここの日光の家屋みたいなものですが、この赤い建物は元々あった施設でして、全体計画を考えたときに、重要な建物は残しつつ不要な建物はパターンとして残していくという考えで計画したもので、既存の建物です。

塚本 どんなものなの、日光回転室は。日当たりがいいということ?

原田 はい。日当たりに合わせてそれ自体が回転します。

塚本 その後ろに写っている錐体は何ですか。

原田 これは12の空間のうち、Jの黒川温泉宿泊拒否問題を空間化したときの地下空間で、地上に出てきている部分です。

塚本 ちなみになぜ、その黒川温泉宿泊拒否問題をそのような造形で表現したの?

原田 これはIの患者作業変換という空間とつながりがありまして、まず、患者作業変換というのが、元々患者さんたちは患者という立場にありながらも作業を強いられていました。それが1951年に患者作業はなしとい

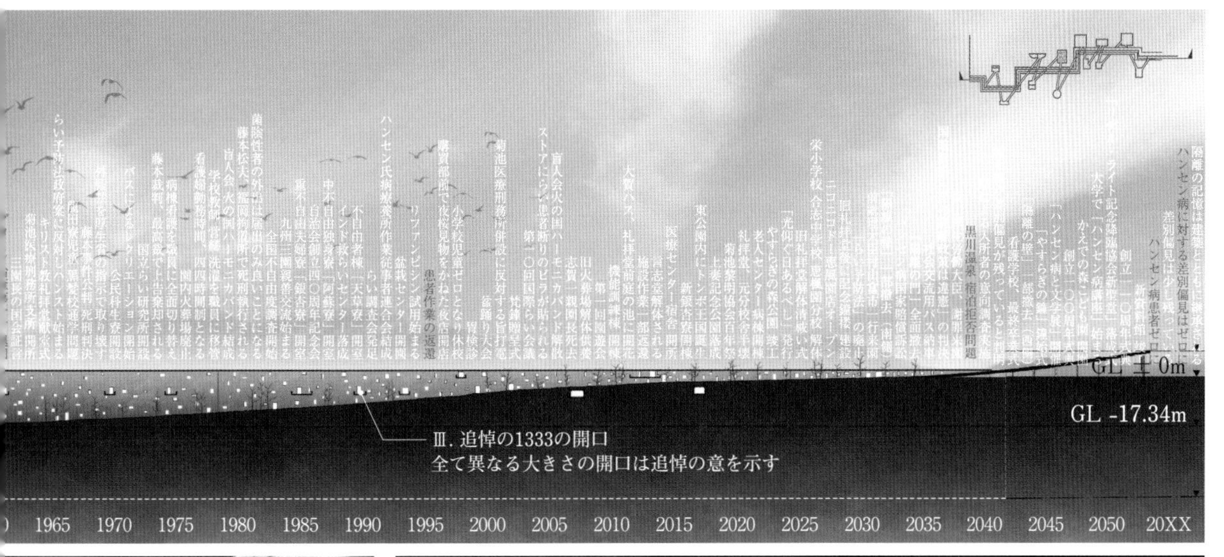

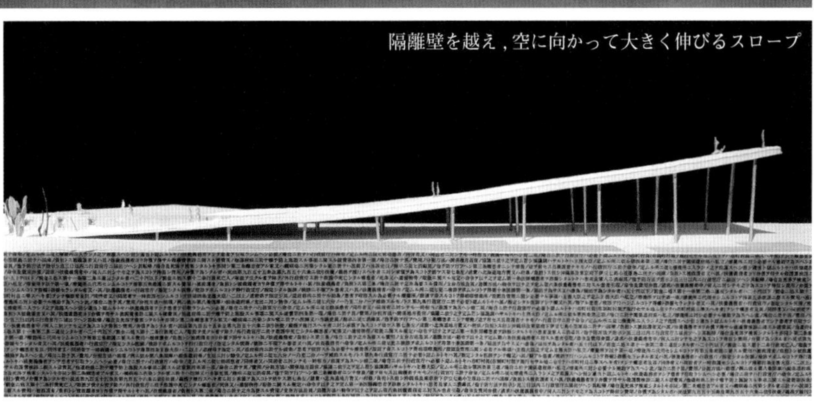

うことになって、一種の光が差した出来事だと思うのですが、それにもかかわらず、1971年に感染病患者たちが黒川温泉に訪れた際に宿泊を拒否されてしまい、まだ光はすごく遠いなというのを感じまして、高い塔のようなものを建てることで光の遠さみたいなものを表現しています。

宮下　実際に残す建物も結構あるのですか?

原田　Qの納骨堂や教会、火葬場、監禁室といった歴史的に重要だと考えたものは残していますが、他のものは施設跡をパターンとして残しながら全体を計画していくことで、抽象的に全体がつながっていき、隔離された場から守られた空間のようになることを考えています。

長谷川　離隔壁を基本的にそのまま残すということで、元々建っている離隔壁の形をトレースしていると思うのですが、実際にはこれだけ掘っているから隔離壁は一度壊さないといけないですよね? どのように建てることをイメージしていますか?

原田　隔離壁は実際、現在はこの一部しか残っていないので、このようにあったものを復元しながら計画しています。

松田(達)　全体的にようやく理解できてきたのですが、少しわからないところで、動線としてはどこを通るのですか? 斜めに通っているコリドーがありますよね、地下の部分。2つの壁の両側はどちらを通るのかよくわからないのですけど、動線計画はどうなっているのか教えてください。最初に地下の通路を通って、そのあとコリドーで斜めなどに横切るということですか?

原田　まず、この白い点線で示しているジグザグのようなものは、地下空間を通って、最後に奥の背景にあるようなスロープが見えたあとに、大きな谷を戻って帰ってもらうという動線を考えています。

松田(達)　最後に100年の歴史を深さで体験するということを、全体として展示施設にするわけですね。

原田　はい。

準グランプリ

エレメントが動く時

── 廃線を活用したインフラストラクチャがつくる新たな住まい方 ──

KSGP 20102
渡邉 康介 Kousuke Watanabe　根本 一希 Kazuki Nemoto　中村 美月 Mitsuki Nakamura
日本大学大学院 理工学研究科 海洋建築工学専攻

敷地は東京都北区の廃線路である。この廃線上に連なる線状のまちを動くエレメントが抜ける構成を作る事で、失われた流れをもう一度生み出し、「内部空間と外部空間」「同じ敷地の住民同士」「敷地の住民と周辺地域住民」「住まい手と商業」を繋いでいく、新しいかたちの集合住宅を提案する。また、動くエレメントと連動した地域エネルギー供給システムによってエネルギーを自給自足すると共に、都市に多岐に渡るインフラを供給する。

この廃線跡は、1926年から2014年まで貨物線として東京北区に存在していた北王子線の廃線であり、現在は長さ約4kmほどの連続した空き地となっている。線路、歩道橋、高架など、当時の面影が今も断片的に残されているが、そのどれもが活用されないまま放置されており、雑草が大量に生い茂っている。死したインフラが横たわるこの廃線に、残された機構を活かした新たな流れを再生する。

周囲との繋がりに変化をもたらし続ける仕組みとして、線路上を往復する「動くエレメント」を提案する。モノのように移動し、共有される数々のエレメントが線状のまちを抜ける構成を作る事で、廃線は生まれ変わり、新たな循環によって日々進化する生活環境を作り出すことが出来る。

さらに、この「動くエレメント」を基盤とした経済循環システムを組み込む事で、周辺地域を巻き込んだ商業循環を生み出すことが出来る。また、エレメントと共にプログラムが敷地内を自由に動く事で、外との繋がり方や空間の使われ方が様々に変化する。例えば、平日は住戸開口部の横を通り抜けて集合住宅内の住民たちに商品を提供するエレメントが、休日には空き地に流れつき、家具のエレメントと共に自由に配置されることで、人々が集う公園やマルシェに変化する。こういった仕組みにより、廃線集合住宅だけでなく周辺の土地・住宅や商店の資産価値上昇や収益増加を見込むことが出来る。

また、廃線という失われたインフラが残した線状の敷地に、動くエレメントや住戸建築と一体化した新たなエネルギーインフラを設計する。これにより廃線は、集合住宅に住まう住民だけでなく、周辺地域にとっても重要な環境・防災拠点として機能する。敷地全体を繋ぐエネルギーインフラは、廃線内において、水、電気、熱などの地域エネルギー供給システムを実現する。これはまとまった地域単位でエネルギーを一括管理・供給することにより、建築毎に個別な設備を用いるよりも無駄のない、効率的なエネルギー循環を可能とする仕組みである。具体的には、エレメントと建築躯体を利用し、太陽光パネル・ガラスによって電気や熱を蓄え、空調、動くエレメントの動力源にしたり、雨水を収集し、地下貯水池に貯めることで非常用貯水や緑化に活用したり、廃線内でエネルギーの自給自足をある程度可能とする設計となっている。

動くエレメントを基礎としたこの細長い集合住宅は、都市に人々の生活と一体化した多様なインフラを実現し、日々変化し続けるこれまでにない豊かな生活環境を実現する。エレメントが動く時、廃線は新たな繋がりを持った住まいへと生まれ変わる。

動くエレメントによるマスタープラン計画 －建物からモノへ－

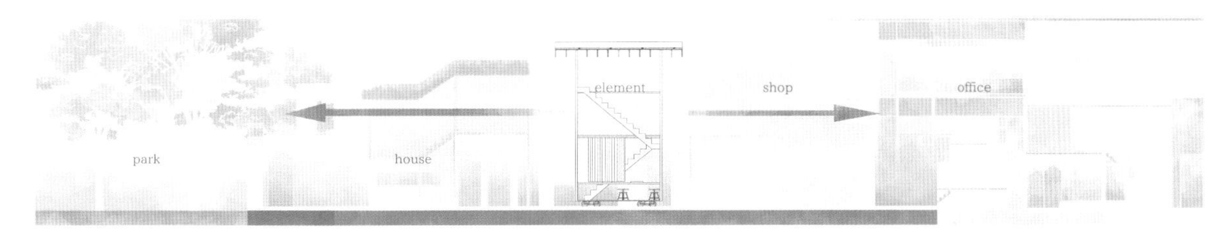

廃線上に動くエレメントを提案する。「モノのように移動し、共有される」動くエレメントが線状のまちを抜ける構成を作る事で、まちにもう一度流れを生み、「内部空間と外部空間」「同じ敷地の住民同士」「敷地の住民と周辺地域住民」「住まい手と商業」を繋いでいく。この、新たな循環によって日々進化する生活環境を作り出す。

動くエレメント一覧

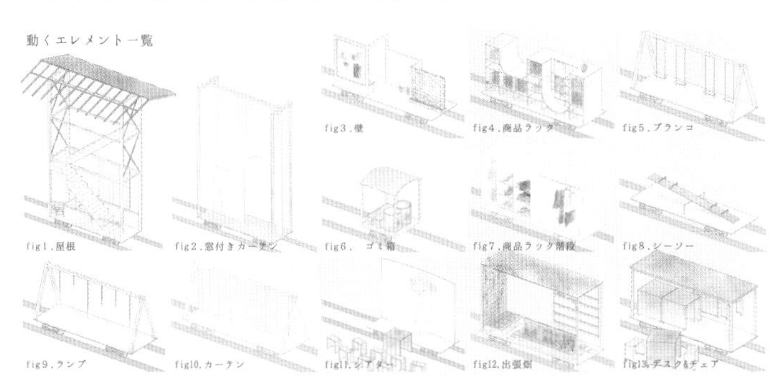

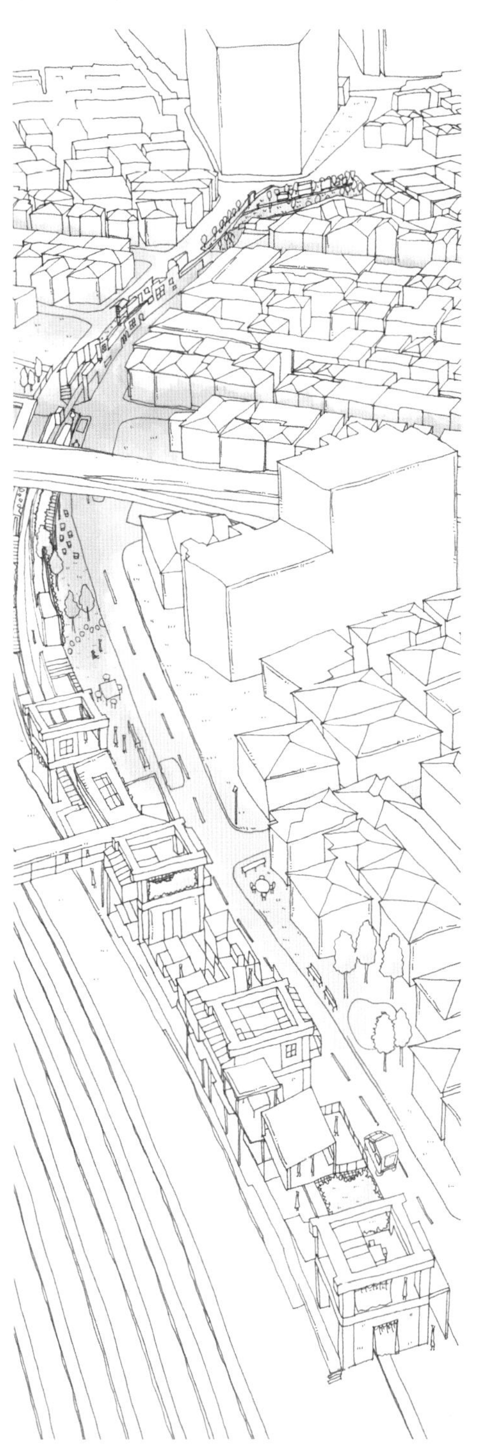

失われたインフラが横たわる地に 再び流れを生み出す

「廃線」という失われたインフラが残した線状の敷地に、動くエレメントや住宅と一体化した新たなエネルギーインフラが再び流れをつくりだす。廃線上集合住宅に住まう住民だけでなく、周辺地域にとっても重要な環境・防災拠点として機能する。敷地全体を繋ぐエネルギーインフラは、廃線内での地域エネルギー供給システムを実現する。まとまった地域単位で集中的に熱や電気などのエネルギーを管理・供給する仕組みで、従来の建築毎に個別な設備を用いるよりも機械の設置面積を抑えることが出来、無駄のない効率的なエネルギー循環が可能となる。

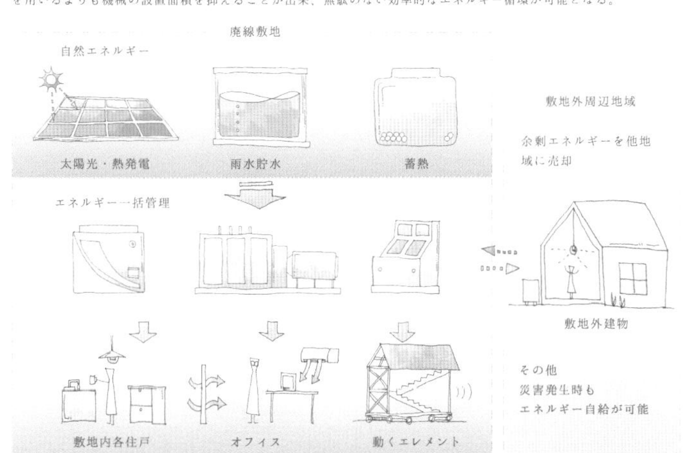

site A ： 堺の集合住宅

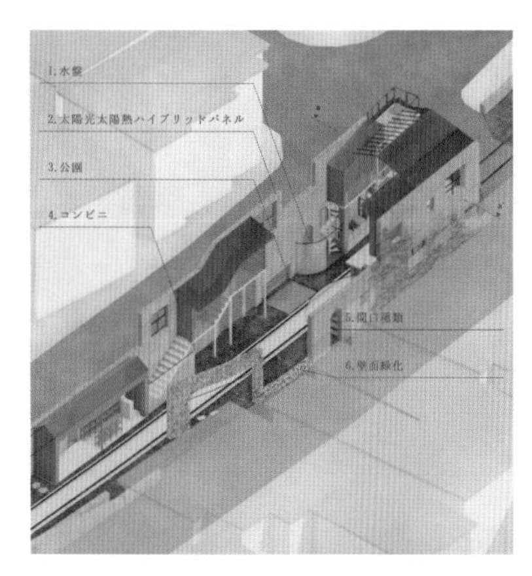

1.水盤　貯水槽と連携した水盤。夏には冷却された風が敷地に吹き抜け、インフラストラクチャの恩恵を住空間に還元する。2.太陽光太陽熱ハイブリッドパネル　動くエレメントや住宅に用いる電気を太陽光と太陽熱エネルギーから捻出する。3.公園　住空間に公園を組み込む事で、狭小住宅の圧迫感を取り払う。また、公園の植物がグリーンインフラを促進させる。4.コンビニ　廃線外の住人も昼夜を問わず訪れる。5.開口種類　まちと接続するファサードの開口の形をプログラムによって分ける事で検索を可能にした。6.壁面緑化　貯水槽と連携した外壁を壁面緑化する事で、グリーンインフラを促進させる。

平面図

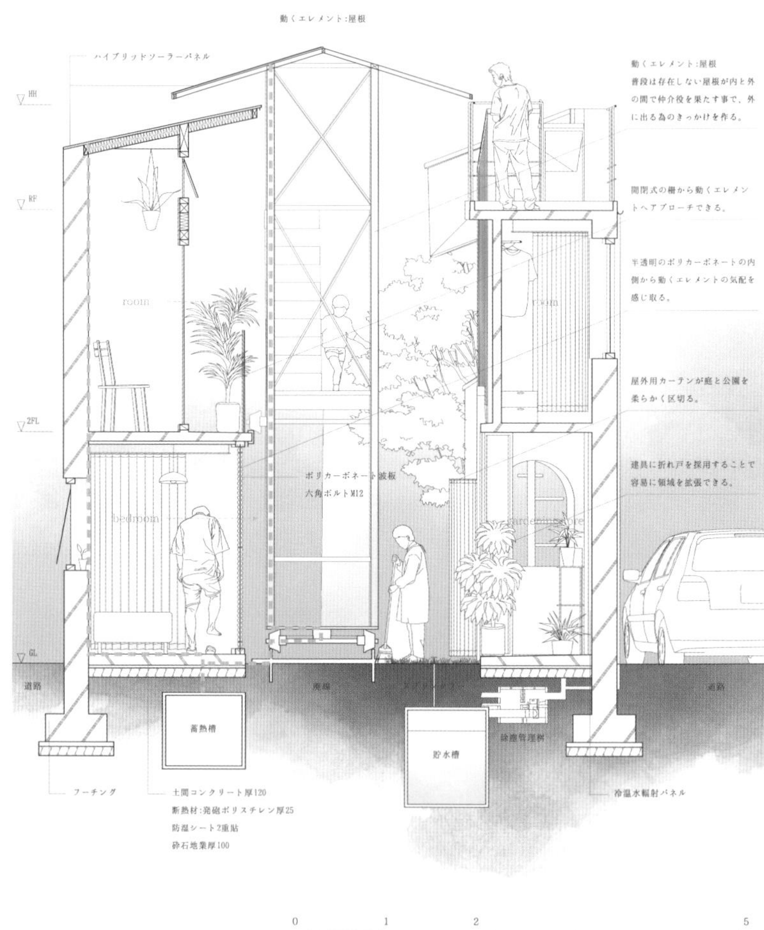

質疑応答

松田(法)　廃線の上を建築的エレメントが動く作品はもう1提案あったのですが、こちらの案でお聞きしたいのは、エレメントの順番は入れ替わりうるのかということと、家の真ん中にエレメントが届いてからどのくらい停留するのかということです。1日の中で、あのエレメントが欲しいけど来ないなーというときには、どれくらい待てばいいのでしょうか。もう1つは、同じエレメントが線路を何年も、具が決まった回転寿司みたいに回るのですか? たとえば、流れてきたエレメントがいったん家の中に回収されて、代わりに各家からは前に使っていたものや新しくつくられたものなど、別のエレメントが線路上にリリースされるということだと、線路上のエレメントと周りの暮らしとの関係性がもう少し出てくる気もしたのですが。なんだか、決まったものが決まったとおりに流れてくるのを使わされているような印象で。それから、線路の上のこういう動きと関係を持てる暮らしは、線路の真横にある建物だけに見えて、まちに対する関係の奥行きが浅いようにも思えました。

渡邉　順番に関しては、敷地の中に公園や二股に分かれた線路があるので、そこで動くエレメントの入れ替えを行い順番を変える想定です。また停留時間は、エレメントが朝夕1日2回動くという設定で、それによりプログラムがまちの中を移動し、住まい方や商業空間の在り方が変わっていくと考えています。同じものがずっとあるのかという点は、不動産の方に基盤のシステムを委託すると想定していて、その発展として、新しいエレメントが欲しいという要望や、イスや机を動かして使い倒す様子に対して、エレメントを育てるという意味では、そういう部分の余地があると考えています。エレメントは建築よりは小さいスケールのものが多くて、電動式のシステムを内蔵して、人の手で勝手に動かせるシステムとしているため、用途に合わせて、住民が自由に移動できたり中身を入れ替える、ということが起きて欲しいと考えています。

長谷川　舞台装置みたいに、どんどん新しいものが目の前に現れてくる、というのは絵を

site B ： 高架下のゲストハウス

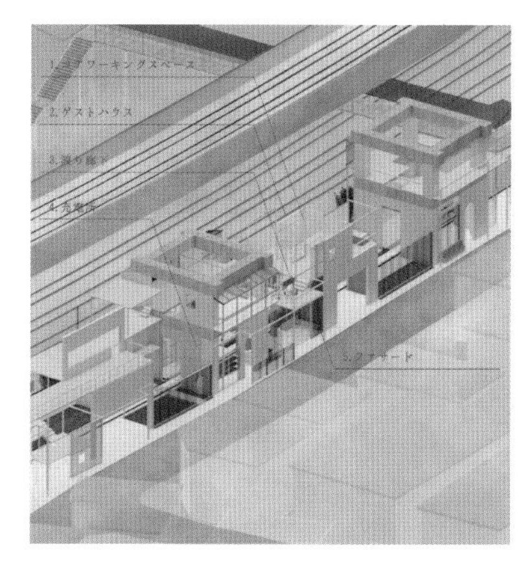

1.コアワーキングスペース　ゲストハウスと連携したコアワーキングスペース。ハイブリッドソーラーパネルの屋根で使用電力を補う。2.ゲストハウス　部屋ごとにスラブ高さの異なる構成にする事で、動くエレメントとの関係に変化が生まれる。3.渡り廊下　表通りと最も遠い渡り廊下は宿泊客のコミュニティスペースとしても利用される。4.充電所　発電した電気を利用し、エレメントの維持費を捻出する。5.ファサード　高架下に組み込まれるプログラムに応じて、テクスチャが切り替わる。異なる強さの境界面がまちとの適切な距離感を作る。

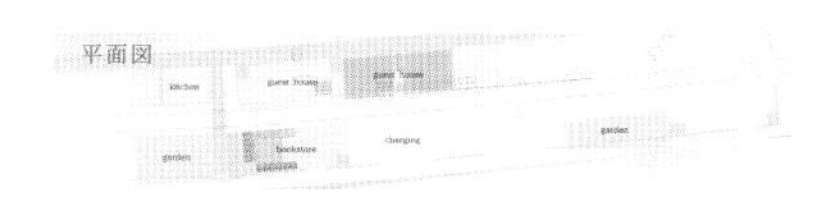

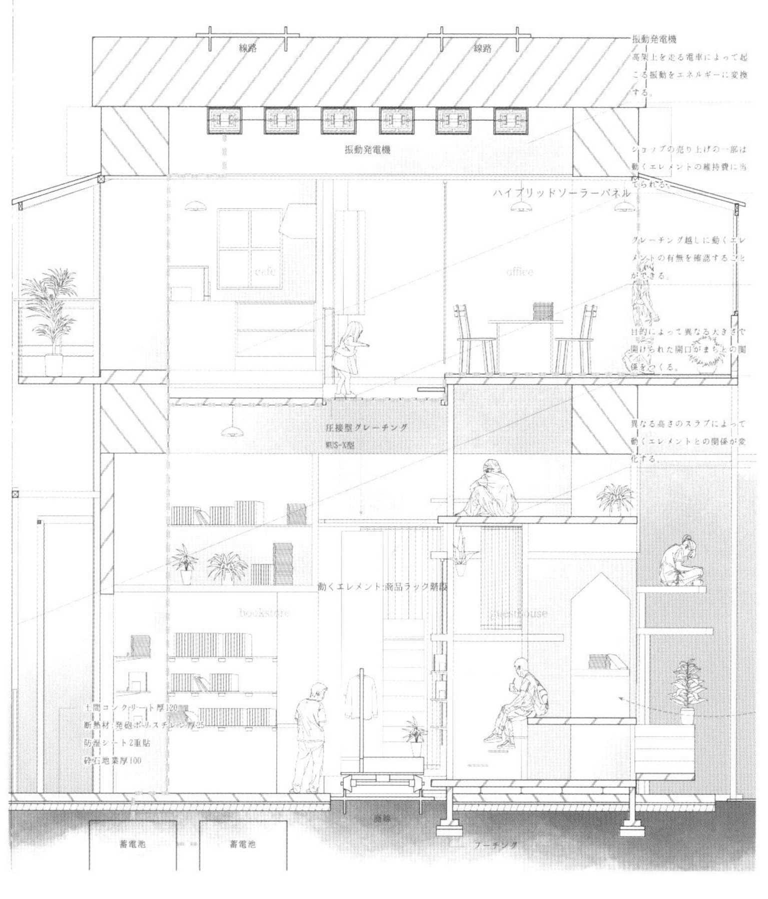

見ても楽しそうなのですけれど、これは歴史的空間と言えるのでしょうか? 廃線を利用しているのはわかるのですが。

渡邉 高架下やレールといった物理的なものも歴史的空間だと考えています。さらに、一度流れを失った北王子線が流れるこの場所に対して、新しくまちが発展していく流れを生むための下書きのような、まちの中に引かれている線やインフラの余地に対して、かつて走っていた電車などを想起して、インフラとしての歴史的空間だと捉えて設計しています。

腰原 動く部分と線路というのは面白いのですが、その脇に建つ構造物にはどういう良さがあるのですか?

渡邉 動線や生活が鮮やかに変わっていく使われ方を想定して、床の高さをまばらにしたり、エレメントに面する壁をカーテンに置き換えるなど、いろいろな高さのスラブを遊ぶ感じで挿入しました。それにより、階段やカーテンのエレメントが流れてきたり、生活動線が変わったり、商業空間に行ける場所と行けない場所が出てきて、秘密基地のような遊びのある、空間的な面白さが生まれます。

腰原 時間軸がわからなくて、エレメントが1日に何回しか動かないのか、部屋に移るときに簡単に動かせるのか、何か機能に求められるものがいろいろあると思います。最初の1日に2、3回みたいなイメージのものとだいぶ違う話をしている気がします。

渡邉 動くエレメントは、機械によって動かされるスパンが1日に2回と想定していて、自分の庭先に持っていきたいといった人の意図的な部分に対しては、住人が手で押して少し動かせる部分を想定して、そういう刹那的な部分の話をしています。

腰原 跨いだり追い越したりできる機能がくっついていると現実的な気がしました。

3位

灰で彩る桜島

KSGP 20066
七五三掛 義和 Yoshikazu Shimekake　折尾 章太 Shota Orio
東京理科大学大学院 理工学研究科 建築学専攻

桜島の山のふもと、そして海際の町である鹿児島県桜島赤水町の防災施設の建て替えである。この町には、火山や津波に対する防災問題だけでなく、降灰との暮らし、町の観光の陶芸の文化保存など、様々な問題がある。私はこの小さな防災施設を起点とし、広域な町のコンテクストにまで展開する建築を、鹿児島由来の建築の形である「克灰設計」により実現する事を試みた。

この設計はこの地域により培われた設計手法に、設計者である私が「環境装置としてのとあるつながり方」を与える事で、「降灰」「文化」「防災」といった町のコンテクストの中心として展開する世界でたった1つの灰の環境建築である。

鹿児島県鹿児島市桜島赤水町　赤水退避舎の建替

まず、鹿児島では「克灰設計」という灰と共生する為の設計マニュアルがある。このマニュアルは建築各所のバラバラな工夫であるが、私が与える1つのつながりにより、この町の陶芸に使う灰を集める環境建築が出来ると考えた。その環境システムを、町の中心である防災施設に取り入れる事で、活火山と町が共生する防災交流施設を提案した作品である。

この町で重要なのは3つの町のネットワークだ。「降灰」では、灰捨て場が点在しており、町民は日々灰を捨てている。「文化」では、「桜島焼の工房」が唯一ある町で、全体の桜島観光の1部となっている。そして「防災」では、災害用水が点在しており、その中心としてこの防災施設がある。私の考える「灰の環境建築」とはこの3つの中心となり、地域交流へ展開してゆくものとして位置付けた。

では、具体的に火山と町がどの様に共生するのか。まず、1Fが陶芸施設、2Fが集会室、屋上が避難場である。この上下階は灰の損傷を防ぐために灰を洗い流す水の循環と克灰設計で1つながりになっている。ここで使う水は、防火水槽の水であり、屋根から灰を洗い流し終着点の灰だまりで陶芸に使う灰だけを回収する水の循環システムである。このように「降灰対策」「陶芸活用」「防災インフラの日常利用」の3点で重要な環境システムがこの建築とこの町を活火山と共生させている。

しかし、単にシステムだけでなく、この水の循環が景観と交流の場を作るよう設計した。屋上避難場はスプリンクラーで灰を流しながら緑を育てる日常交流の場になっている。また、アトリエに繋がる町の灰捨て場は、屋上から伸びるグリーンカーテンと側溝の水の景観があり、水と緑の町の居場所となっている。

水の循環は1つの空間に景観と交流の場を与えるだけでなく、この地に必要不可欠な避難空間に「降灰対策」と「地域住民のアクセシビリティ」を与えてゆくよう心がけた。

このように桜島の降灰環境が生んだ地域の知恵「克灰設計」が、姿を変え、この町のコンテクストの中心となり地域交流へ展開してゆく、この世でたった1つの「灰の環境建築」としてこの敷地に着地した。

活火山の負の要素「降灰・防災・地域文化保存」という諸問題は、この町を絶えず火山と共生させるものになるであろう。

【火山と町の共生】降灰対策・陶芸活用・防災インフラの日常利用で重要な集灰システム

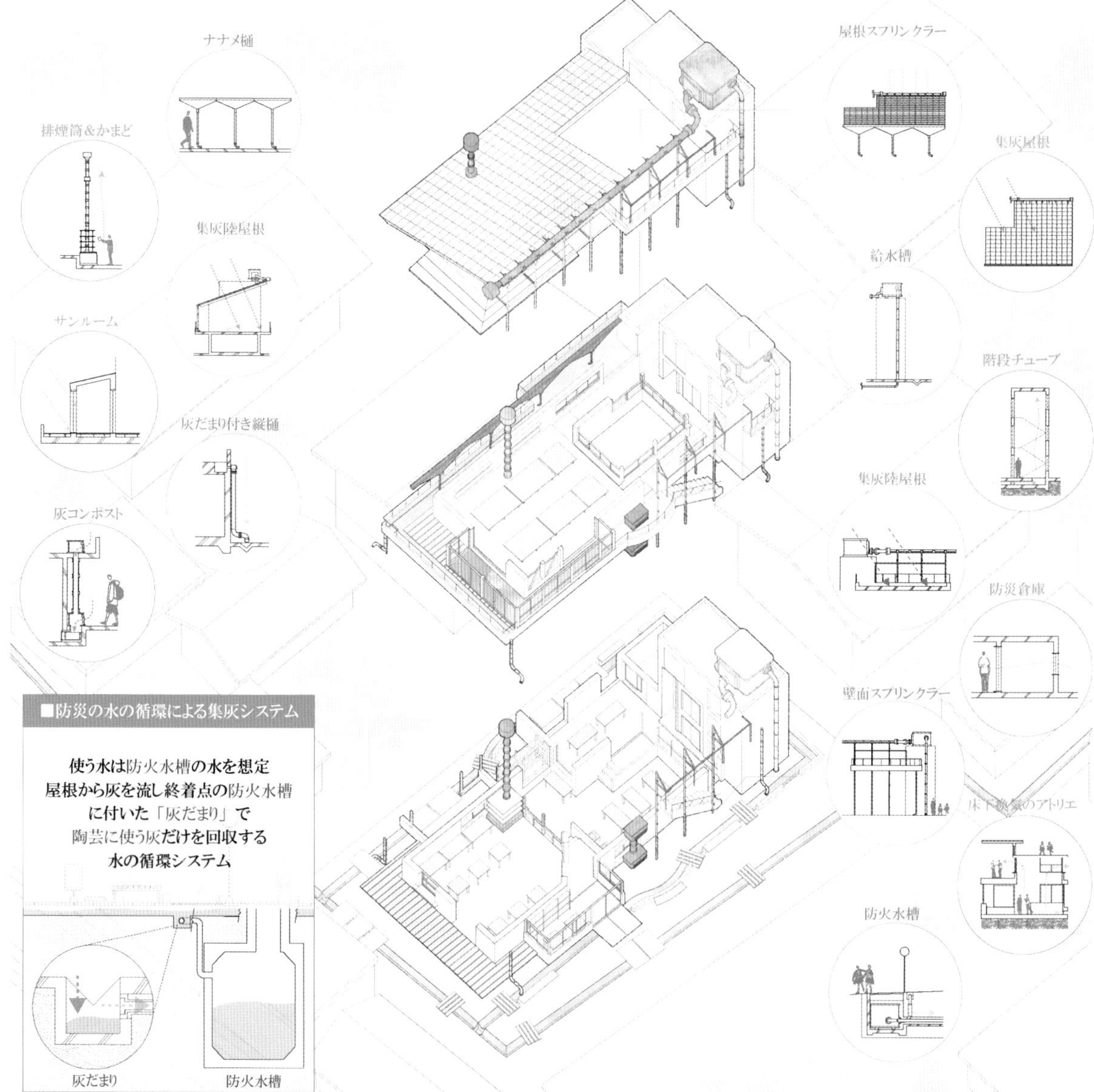

質疑応答

長谷川 灰の集め方は、自分の頭からシャワーを浴びるように、屋根や外壁に常に日々積み重なる灰を水で洗い流して、それを下で集めるということですか?

七五三掛 はい、間違いないです。

松田(法) 既存の集め方としては、人的な仕組みができているわけですよね? 設備を非常に細かく提案されていて、とても詳細な計画だと思ってはいるのですが、建物1棟だけの提案になっている。現在まち中に成立しているソフトな集配システム、つまり人の手で集めて灰捨て場に運ぶ、という非常に柔軟な仕組みと活動があるのに、それらのネットワークがこの提案では全く廃されてしまって、すべて機械化され、なおかつ1棟の建物のみに置換されていることが疑問だったのですが。今のやり方では何が問題なのですか?

七五三掛 ゴミ捨て場に持って行ってもいいのですけれど、それをどう活用していくかという文脈づくりがあったり、僕の目的としては、灰を捨てるといった桜島固有のインフラなので、それを景観として楽しい空間に提案していこうということがあります。この建築、母体となる一戸でドンとやっているのがなぜかというところですが、僕はその建築を提案したかったので、そこは僕のこだわりですけれど、空間をつくりたかったのでほぼ1つで、ガッとスタディしてやるという形を取りました。

林野 提案は1つですが、このシステムは増えていくという前提なのでしょうか?

七五三掛 いえ、このまちに対してこの一棟で提案していくという僕の中のビジョンがあります。

宮下 桜島で火山灰が降ると、それを処理していくシステムが必要で、そういう風土の下1つの建築を使って新しいコミュニティーを生み出していくという意図はよくわかったのですが、何を歴史的空間と読んでこの提案をしたのですか?

七五三掛 歴史的空間というよりは、火山灰と火山と生活していって、最終的にちょこちょこと生まれた灰は捨てなければいけないよね、だって防火水槽がこのまちでは何個も

必要だよね、というように生まれていったものを、最終的にこの段階でまち全体として交流という僕が掲げたビジョンでまとめていく、既存のインフラをそういうところでまとめるというところで、歴史ではないですけれど、まちをリサーチしてインフラを見て空間を提案していくということで臨んでいます。

松田(達) すごく詳細まで考えられているように見えるプレゼンでしたが、最終的に建築的なこだわりがあるというところ、そのこだわりが見えるところはどのあたりですか? 混構造にしているところとか、克灰構法を使っているところとか、そういう技術的なところですか?

七五三掛 はい。古さに学ぶではないですけれど、そういう設計マニュアルが実在していて、今回はそれをひとつなぎにした、頭からシャワーで流れるようにつながっているという感じです。

松田(達) その灰を活用することで、こだわってつくった空間がここら辺だというのがあれば、それはプレゼンのどのあたりでしょう? 特に推したいところは。

七五三掛 推したいところは、主に水の風景で、それは外部空間に限ったことなのですが、そこは推したいなと思っています。排水が終わってただのゴミ捨て場だったので、水で灰を集めていくという、下の灰捨て場だったところが地域の交流の場に変わるというのは既存の敷地では絶対にないことなので、そういう提案をしたのは価値があるかなとは思っています。

松田(達) 灰は水で集められるんですか?

七五三掛 集められます。そういう水流のコントロールをする工法でも、克灰構法はあるのでそういうのを活用しています。

4位

石灰降る街 ～秩父武甲山を再考～

KSGP 20133
藤川 凌 Ryo Fujikawa　杉本 功太 Kota Sugimoto　松尾 朋哉 Tomoya Matsuo
早稲田大学大学院 創造理工学研究科 建築学専攻

緑豊かな秩父盆地を象徴する山、武甲山。武甲山は古くから秩父地域における信仰の対象、つまり神の山であり、現在もなお秩父の総鎮守である秩父神社の神体山とされている。武甲山の存在によって100を超える祭りや文化、伝統が成立してきた。しかし高度経済成長期以降、良質な石灰岩が採掘できる武甲山はベンチカットにより頂部からピラミッド状に成形されるかたちで急速に変貌を遂げている。そして今もなお毎日12時30分にダイナマイトで発破され続けている。このように、武甲山は秩父の様々な側面を象徴する山であり、信仰的にも産業的にも秩父の軸として存在している。秩父地域は自然豊かで信仰深い歴史ある地域であると同時に、毎日神を爆破しているという二面性及び究極的な矛盾を抱えた地域なのである。そして今、産業と信仰、自然の対立に向き合い、後世に伝えていくべきである。

産業により破壊されていく自然や信仰をどう維持できるのか、産業と信仰、自然の調和がとれた三位一体の計画が必要である。そこで、石灰を採り尽くした未来の武甲山に対しても秩父の新たな象徴となる計画を考えた。現在採掘進行中のベンチと休止ベンチの上下2か所からの新たな山の掘り方を提案し、調和を目指す。

まず上部の採掘進行中ベンチからは、あえて掘り残すことで、山を支える彫刻を生み出す。この彫刻の柱は武甲山全体を支え、ベンチよりも上部の産業とベンチより下部の自然を結ぶ。また巨大な柱により、日本古代から根付く柱信仰に基づいて産業と自然の間に信仰を創出することで、武甲山全体に三位一体の調和を図る。

次に下部の休止中ベンチからは、自然の山肌を遺しつつ、坑道や立坑といった既存の産業遺構を利用した三次元的な内部空間を形成していく方法を提案する。

平面計画としては、既存立坑を覆う石灰を遺すことで、中心に穴があいた筒状の柱を複数創出する。この柱はレベルによって山肌に埋没、独立する。そのためFLによって柱の位置が異なる空間が生まれる。また、既存の立坑を利用した柱とは別に、新たに五角形の信仰の柱を中心に計画する。産業を象徴する立坑を利用した柱が山肌（自然）に溶け込んでいき、中心の信仰の柱を護るような三位一体の調和を目指す平面計画である。

断面計画としては、山肌（自然）をできるだけ遺し、かつ石灰石採掘量を最大限確保するために大空間を内部に形成する必要がある。矩形ではなくドーム型の空間とすることでこれを実現させた。また、中央に新たに設けた信仰の柱の内部には、休止中ベンチまでぬける居室を計画し、上部から光が差し込む。毎日12時30分になると最も明るくなり、採掘が終わった未来の武甲山にも発破の瞬間が刻まれた空間となっている。またこの居室は市街地に向いており、武甲山に対する感謝・贖罪の意を表す空間でもある。このように、掘り残されてできた柱やドームで自立した圧倒的な大空間や、中央の巨大な柱が新たな信仰の対象となる神聖な断面計画である。

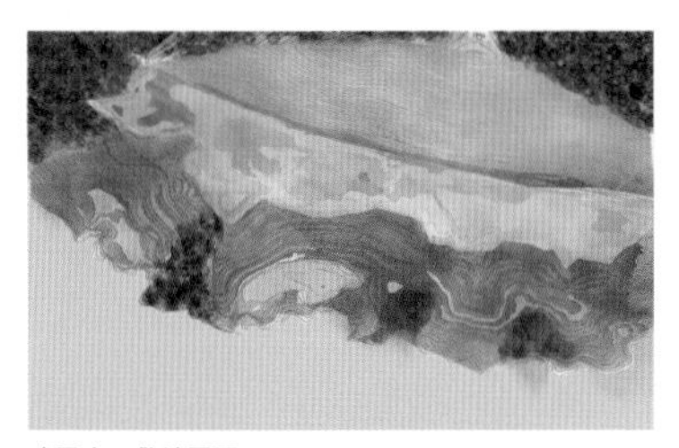

武甲山の敷地図面

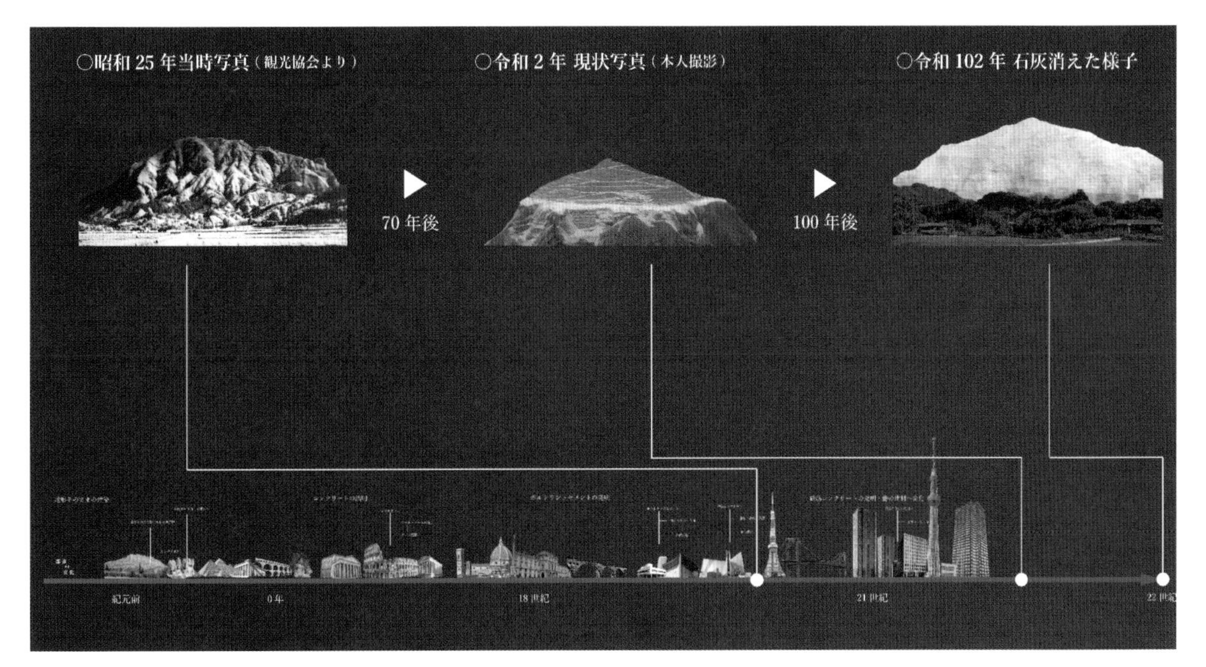

世界中の今ある都市は、資源を削ることで形成してきた。その歴史は古く、遡れば紀元前からコンクリートの生成は行われていたと言われている。現在は石灰を更に別の材料と組み合わせ、強度を高め、高層ビルやマンションが建ち並んでいる。しかし、それと同時に世界中の各地で自然が破壊されているのだ。それは秩父市では如実に見ることができる。皮肉にも神の山はバラバラとなって社会へと還元されているのである。

内観全体パース。中央に垂直に信仰の柱が君臨する。それは圧倒的な存在として空間を構成している。その周りに4本の斜めに倒れた柱が中央を守護するかのように囲んでいる。これは既存の立坑を利用したため、このような斜めの形状になっている。中央に信仰、それを囲むように配置された産業、そして空間を構成している石灰＝自然というこの構図は正しく三位一体がとられた空間であるといえよう。

既存の産業遺構を利用し自然と信仰と調和させる計画

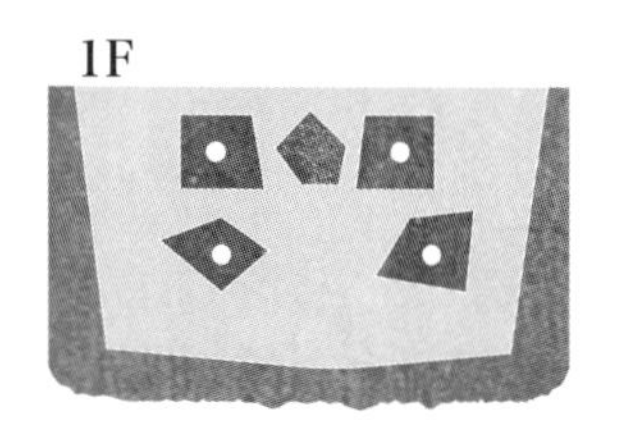

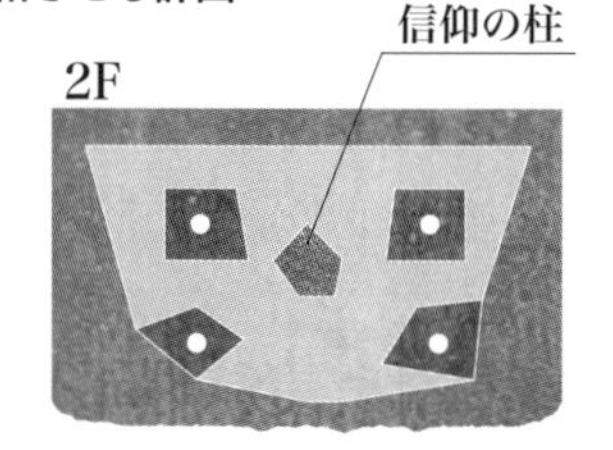

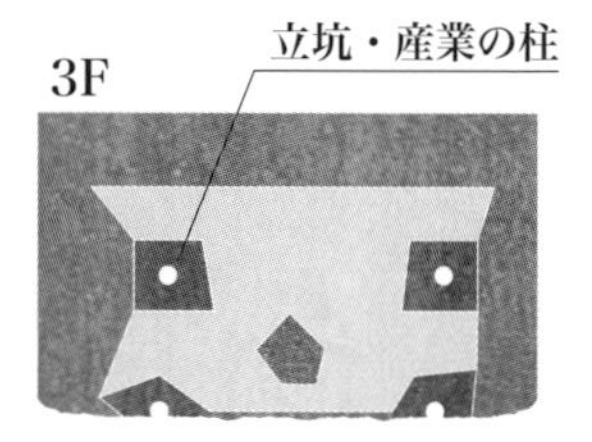

平面ダイアグラムは上のように、階が上がるごとに変化していく。立坑（石灰を下に落とすための穴）を皮のように残し、筒状の四角形の柱を形成させる。この柱は階が上がれば上がるほど斜めに倒れている性質上、山肌と融合していく。これが産業が自然と調和していく計画である。そしてその中央に信仰の柱を作ることで、信仰が産業と自然によって護られていくようなコンセプトのもと計画を行なった。

質疑応答

塚本 これは何信仰ですか？ 新たな信仰というか、三位一体型の計画と言っているときの信仰はアニミズム的な、あるいは山に神を見るみたいなそういう信仰ですか？

藤川 山岳信仰です。武甲山の山頂には神社があり、そういうものを守っていきたいと考えています。

塚本 それがこの壺の底みたいなところに要は置き換えるわけですか？

藤川 神社は山の裏にあるので、別の空間として壺のようなものを設けています。

塚本 祈りの場と。これは全部掘ってつくるんですか？ そこが少しわからなかったのですが。

藤川 休止中ベンチより上の部分では掘り起こすことで柱を残して、下の部分ではまだ採掘が行われていないので、山肌をできるだけ残して中を削り、この空間を形成していきます。上のレベルから下に降りていく際に、既存の鑁工などを残しつつ削っていくのですが、現在も太平洋セメントがダイナマイトを爆発させて掘り進めているので、それを継承しつつ、できる限り山の内部を残すように掘り進めることを想定しています。

塚本 つまり中をみかん堀みたいにしていくわけだけど、それを発破かけてやるということですか？

藤川 はい。山肌の側面から17m離せば岩石が崩壊しないことを計算して出しています。

塚本 でもものすごく薄くなっているじゃないですか、最後。それが掘ったとは思えなくて。どちらかというとああいうのをつくったのかと思ったのですけど。薄いから。

藤川 ここは少し薄くなっていますが、それ以外の部分は17m…。

塚本 あ、それで17mあるんだ。

腰原 この100年後と書いてあるシルエットが残っている絵がすごく印象的ですけれど、これはダメなんですか？ 今あなたたちの背景にある100年後の姿というのは、多分現状では山のシルエットは残して、向こう側の神社も残す。だけど、切る側は切り崩したという思想で進んでいるのだと思うけれど、風景と

信仰の柱は天井が空いている。太陽の光、風、空気、自然の全てを吸収することができる空間となっている。もちろん雨の日もそのまま水が入ってくる。この空間は雨の酸性によって溶け出し、壁はボロボロに朽ち果てていく。しかし、これこそが信仰が自然と調和する計画の一つであり、最終的には全てが調和していくのだ。

してはシルエットが残るということがある価値観を持っているとしたら、この答えでもいいような気がする。この姿にはならないようにしましょうというのが提案なんですね?

藤川 はい。秩父市で石灰が採れなくなり、伝統のような歴史になってしまうことを想定して、できるだけ空間を残して、秩父の新たな観光シンボルとなって未来図を描くことを計画しました。

腰原 採掘量を減らすという意味ですか?

藤川 採掘量は保持しつつ、空間を残すことを想定しています。

塚本 でも掘っていったらなくなるんじゃないの? 同じだけ取っていくと。

腰原 延命治療をしているだけなのか、最終形はどこに行くのかなという気がします。

藤川 見た目は面白いのですが、今まで秩父の象徴だった武甲山の形は一切なくなってしまうと考えて、中にも空間が残って、外側も現状をできるだけ残した、新たな武甲山の形を残したいと考えています。

塚本 でも、この100年後の壁みたいになったところに、今度は少し横穴を空けて、施設にしたいみたいな。

藤川 太平洋セメントの保有する山の面積はここだけなので、私たちが計画している部分は最後のパースのような空間を想定しています。

塚本 じゃあ、他はもういってしまうかもしれないけれど、ここだけが残る。

藤川 ここだけを私たちの提案にすることで、他を守ってもらうという提案です。

松田(達) 具体的に場所はどこですか? 断面とかで言うと。

藤川 こちらが休止中ベンチで、こちらが柱、進行中ベンチです。

松田(達) 右下の内部のパースは、図面でいうとどこになるんですか? この祈りの場と書いてあるところですか? 一番最下層のような気はするのですが、「三位一体」と書いてある一番大事なところですよね。

藤川 こちらが山頂で、ここが計画地、こちらが市街地です。こちらの空間の部分から上を眺めたパースです。

5位

切断すること、それは繋ぐこと

KSGP 20142
横畑 佑樹 Yuki Yokohata
日本大学大学院 理工学研究科 海洋建築工学専攻

本提案では日本橋地区の再整備にあたり、急激な都市化による負の遺産として無かったことにされようとしている首都高高架を都市の歴史をなす層のひとつとして認めて取り込み、都市型道の駅として建築化する計画である。

日本橋は1603年に徳川家康によって江戸幕府の開府に伴い建造された。そこには日本中の物資が集まり、魚河岸と呼ばれる魚市場が栄えた。人々が交流する中で様々な文化が入り混じり、江戸歌舞伎を代表とする江戸文化が構築され、日本橋の空間はハレとケが共存する経済の中心地となった。そのため、日本橋では現在でも続いている老舗店舗が多く存在している。こうした賑わいは祭りとしても現代に受け継がれ、日本橋・京橋祭りなどの日本橋を舞台としたハレの場が創られている。江戸中期から後期にかけては火災による消失などでいくつも橋が架け替えられ、明治期には西洋の文化を取り入れた石造の橋へと変わっていった。そして、高度経済成長期に入り、首都高速道路が建設され、現在ではオフィス街として知られている。こうした時代背景から日本橋地区には石碑や街区などの痕跡を見ると今でも各時代の要素が入り混じり、共存しながら街が構成されていることが伺える。

首都高によって空を奪われた日本橋

このような歴史深い日本橋を歩いている時、私は高架の強い圧迫感を感じた。調べてみると日本橋と首都高の景観問題によって日本橋上空の首都高約1.8km区間を地下へと移行し、残った高架を全て取り壊し、周辺一帯を再開発する工事が始まることを知った。しかし、半世紀もの間、日本橋と共存してきた首都高はもはや歴史の一部となり、日本橋らしさの象徴となる存在にも関わらず、それを全て壊してしまうことに対して疑問を抱いた。

そこで本提案では首都高を切断し、木組みを取り入れることで一部を残して建築化し、首都高に日本橋の歴史の層を取り込みながら、本当の意味で再び日本橋と首都高が共存し、日本橋の新たな都市景観と拠点として親しまれる空間を形成する。

具体的には「修復」・「切断」・「蓄積」の3つの段階で設計を行う。まず「修復」は日本橋の痕跡を残すために両者の関係を整理し、破壊ではなく、首都高を日本橋にとっての舞台装置として修復することで日本橋に根付いているハレとケの空間性を受け継いでいく。次に日本橋に空を取り戻すために、「切断」という設計手法を用いる。日本橋上空をはじめとした景観や環境に影響を与えている部分を切断し、河岸からの景色の開放や日本橋川への採光の確保が実現され、首都高が後世へと継承されながら親しみのある空間として生まれ変わっていく。そして、切断部分や首都高の余白部分に一辺2300mmの木組みのグリッドを挿入することで土木の空間を建築空間へと変えていく。木組みの中には日本橋に備わっていた茶室や屋台といった機能から現代の日本橋に適したレンタルオフィスなどの都市機能を「蓄積」し、首都高を歩くことで歴史を感じるプロセスを作り出していく。この3つの操作を行うことで首都高と日本橋の共存を図っていく。

01. 歴史が積層された日本橋

日本橋が架けられて以降、水運が発展し、魚河岸が栄えた。人と物が頻繁に行き交い、重要拠点となった。高度成長期には首都高速道路が建設され、現在ではオフィス街として知られている。こうした時代背景から各時代の要素が入り混じり、共生しながら街が構成されている。

02. 首都高地下化

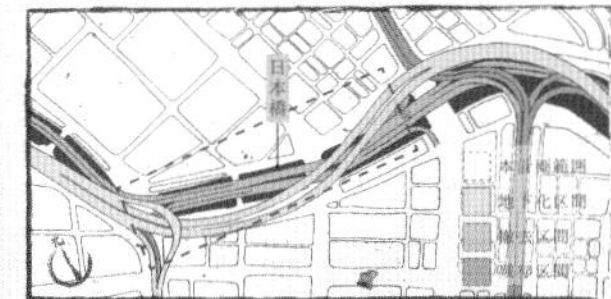

首都高は現在では日本橋らしさの象徴となる存在である。そして今、日本橋上空の首都高を地下化し、高架橋を全て取り壊すことが決定している。この暴力的な都市計画は「歴史の切断」と言えるのではないだろうか。

03. 日本橋の歴史的文化

日本橋が水運の拠点とななったことで様々な文化が生まれた。その一つが江戸歌舞伎である。こうした娯楽文化の発展により、ハレとケが入り混じる経済の中心地となった。日本橋では現在でも続く多くの老舗店が生まれている。その賑わいは祭りとして現代にも受け継がれ、日本橋を舞台としたハレの場が創られている。

04. 首都高と日本橋の共存

首都高の痕跡を残す

日本橋に蓋をする形で存在している首都高。日本橋から空を見上げることは叶わない。両者の関係を整理し破壊ではなく、「修復」を施すことで首都高を日本橋にとっての舞台装置へと再編する。

日本橋に空を取り戻す

首都高を残すという立場から「切断」という設計手法を用いる。景観、環境に影響を与えている部分を切断していく。首都高の痕跡を残し、後世へと継承されながら親しみある空間として生まれ変わる。

木組みによる建築化

切断によって空いた首都高の余白部分に木組みを挿入することで建築化していく。木組みの中には日本橋に備わっていた都市機能を蓄積し、歩くことで歴史を感じるプロセスを作り出す。

05. 各時代の都市機能の集積

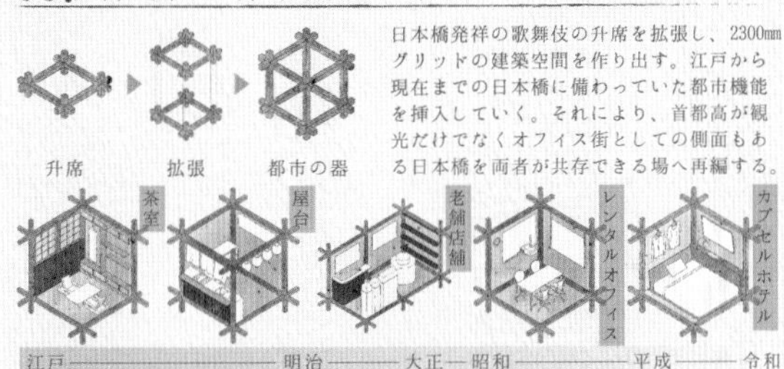

日本橋発祥の歌舞伎の升席を拡張し、2300㎜グリッドの建築空間を作り出す。江戸から現在までの日本橋に備わっていた都市機能を挿入していく。それにより、首都高が観光だけでなくオフィス街としての側面もある日本橋を両者が共存できる場へ再編する。

06. 日本橋に根付くハレとケを受け継ぐ

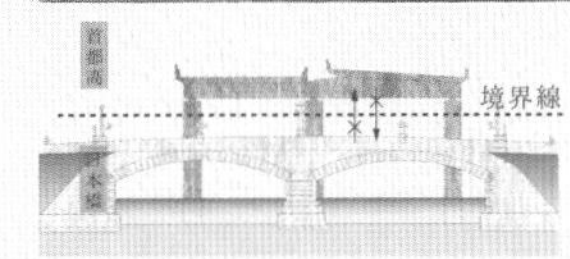

干渉することがない首都高と日本橋

祭り・演劇　都市型道の駅

現状、日本橋と首都高は干渉することはない。首都高を通過する車は日本橋を意識せず、日本橋を歩く人は頭上を車が通過していることに気づかない。しかし、首都高を切断し、境界線を開放することで両者が交わり、新たな関係性が生まれる。日常時には都市型道の駅として、祝祭時には首都高を観客席とした日本橋が舞台となる空間に建ち替わり、日本橋のハレとケの空間性を受け継ぐ。

木組みのディスプレイに提灯や神輿が飾られ、高架に彩りを与える

歌舞伎発祥の地に江戸時代の半屋外型歌舞伎を蘇らせる

水上バス乗り場からの首都高と共存した新しい日本橋の景色

仕事終わりの会社員の憩いの場となる首都高高架下

高速道路を歩く非日常を体感し、本来日本橋に備わっているハレの空間性を継承

高度経済成長期を支えた首都高の柱をそのまま残し、歴史の痕跡を感じる空間となる

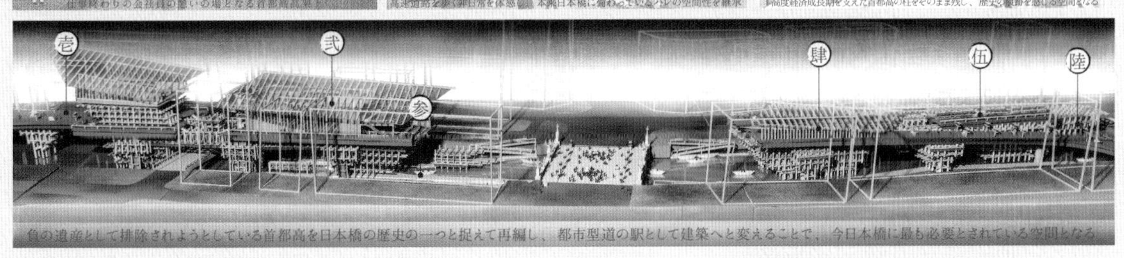

負の遺産として排除されようとしている首都高を日本橋の歴史の一つと捉えて再編し、都市型道の駅として建築へと変えることで、今日本橋に最も必要とされている空間となる

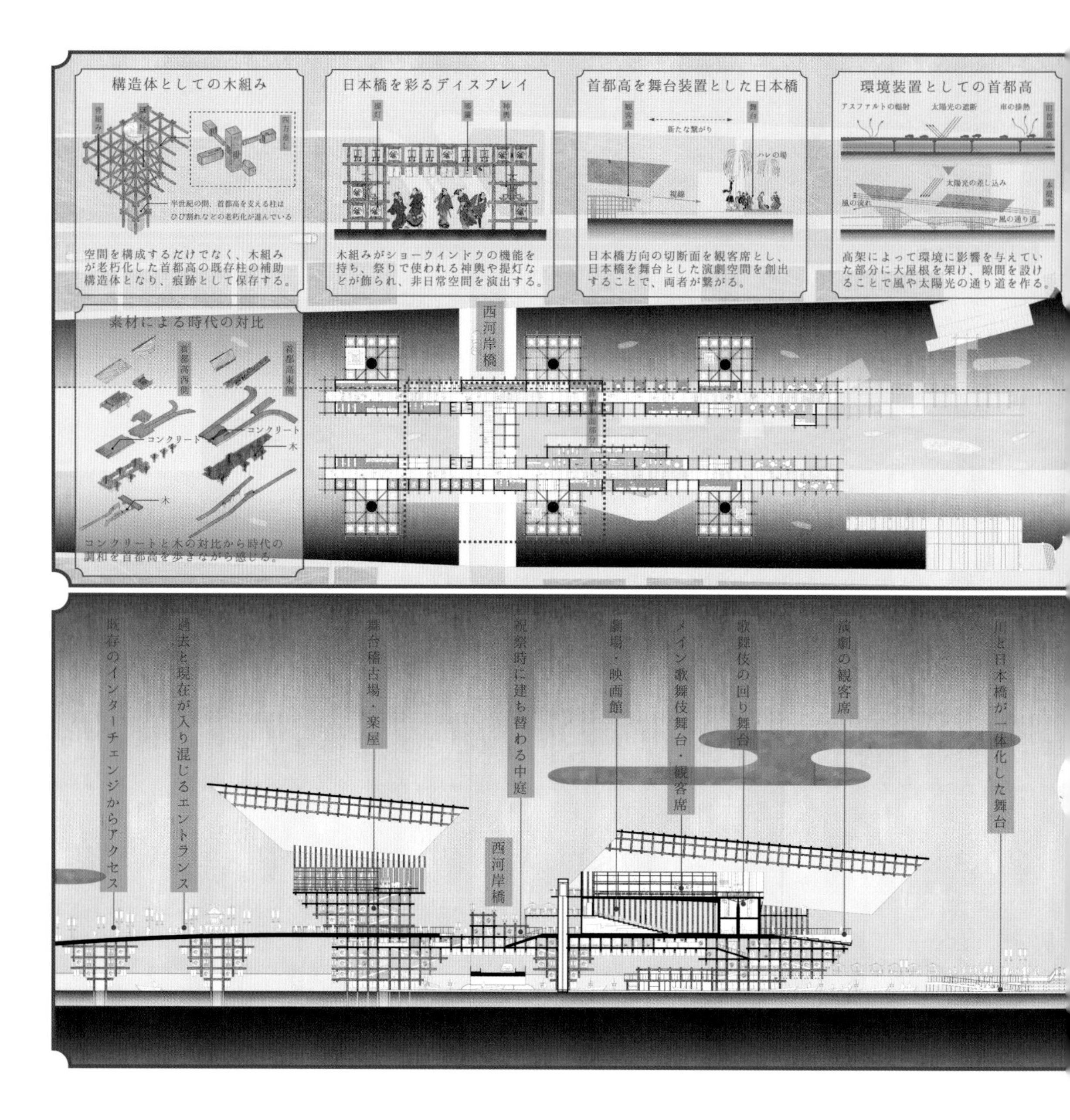

塚本 こういう想像力はいいんですけど、その先にどういう暮らしがしたいのかな? パースで出てた、こういうところでたこ焼きを食べたいということ? そういう暮らしがしたいのかな? そのためにこんなことをやっているのかと思うと、なぜこんな風になってしまうんだろう、この想像力は一体何なんだろうかと思います。

横畑 この土地は橋の上に屋台が出たり、物流の拠点として栄えたハレとケが混在しているのが過去の空間でした。それを首都高の中にも受け継ごうと、お祭りをするような空間を高架上に持ってきて、観光の側面からも外国人観光客の増加に役に立つ、必要とされている空間がこういうところです。

塚本 なぜ撤去した方がいいかというと、高架がなくなると水面に光がきちんと入ってきて川沿いが楽しくなる。そうすると川沿いに良い店やレストラン、文化施設などもできるのではないかという考え方があるからです。日本橋も、上から押さえつけられたような形でなくなれば、まちのアイデンティティがはっきりする。そういう地元や三井不動産の考え方に対して、「いや、そうじゃないんですよ。高架の上でたこ焼きを食べた方が面白いじゃないですか」というのは、カウンタープロジェクトだよね。つまりあなたが挑んでいるのは価値の戦いで、半世紀以上日本橋と高架が重なった状態が続いてきたのだから撤去すべきではないと言ったところで、なんとなく中途半端な感じがします。

横畑 首都高を残すことで新しく生まれる空間で、お祭りや歌舞伎をやることも想定しています。首都高の切断した側面に観客席を設けて、日本橋を眺めながら新しい首都高と日本橋の関わりを持つことができ、切断したところ全てを首都高が覆うのではなく部分的に切断しているので、川岸のカフェなどが首都高とまたつながるような空間も想定しています。

松田(法) 橋がシンボリックな場所になるのは、それこそ"切断"された陸地の間に、限定的にかかる狭い帯状空間だから、ということがあると思うんですよね。今の提案だと、水か

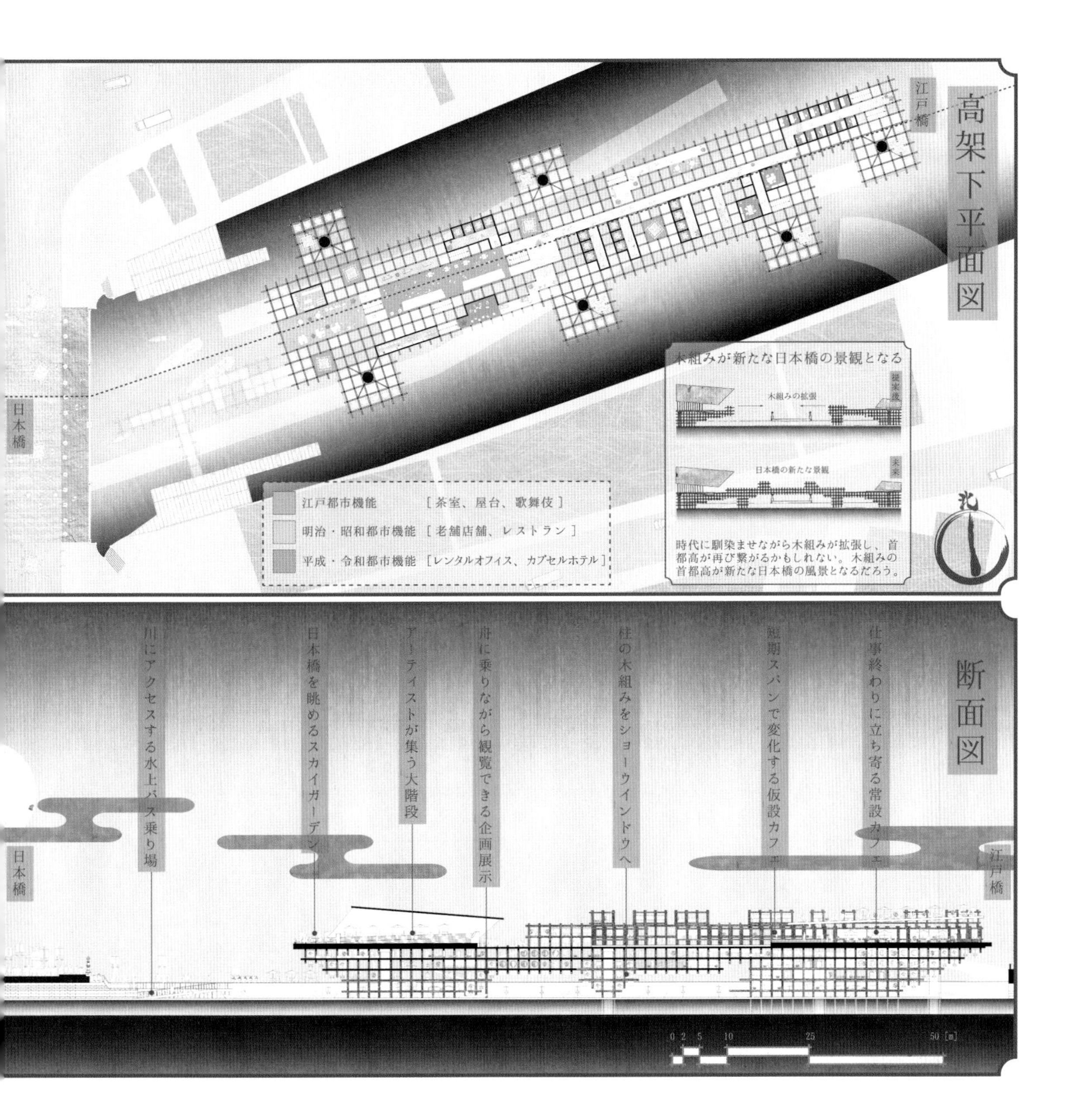

ら立ち上がるかなり巨大な構造物が橋の両側へ新たに追加されるので、元の日本橋は、はっきり言って霞んでいる。そうすると、なぜ元の日本橋は残して、その周りで何かをやるのかということも合わせて気になってくる。それと、日本橋という橋空間をテーマにするのであれば、日本橋自体へのクリティークもやはり必要ではないか。橋回りを大きく変えるのに、妻木頼黄の明治末の橋は取り残されたように手つかずで、そこへのクリティークというのは全くないのかなと。

横畑　日本橋には一切手を加えないと決めていて、日本橋を挟む2つの建築をつくり、観客席があって日本橋を見るという、求心力を橋の上に持ってきます。首都高は見えとしては強めですが、あくまで舞台装置としての役目で、メインの本物の舞台は日本橋です。橋が架かったところから日本橋地区が栄えた歴史もあるので、賑わいという塊を原点に戻すということで首都高の立ち位置を設計しています。

林野　他の案にも共通する話で、記念講演にもあったように、無批判にすでにあるものを伝統や歴史みたいなものにして残すことがいいのかどうかという点が大きく問われています。その話をディスカッションで伺いたいと思います。

松田(達)　本当に首都高を残したいと思っているのかなという感じがしました。首都高を利用しているというか、その存在は確かにあるかもしれないけれど、全部木で覆い隠している感じではないですか。元々の首都高が持っていたダイナミズムを、審美的に評価するという姿勢は特にないですか？ あれはあれでなかなかないものですけどね。

横畑　土木の空間から建築の空間に変えるため木組みを多用し、空間としては大きく変わっています。一方で首都高にはあまり手を加えていません。

松田(達)　わかりました。それぞれ違うものを用意したということですね。

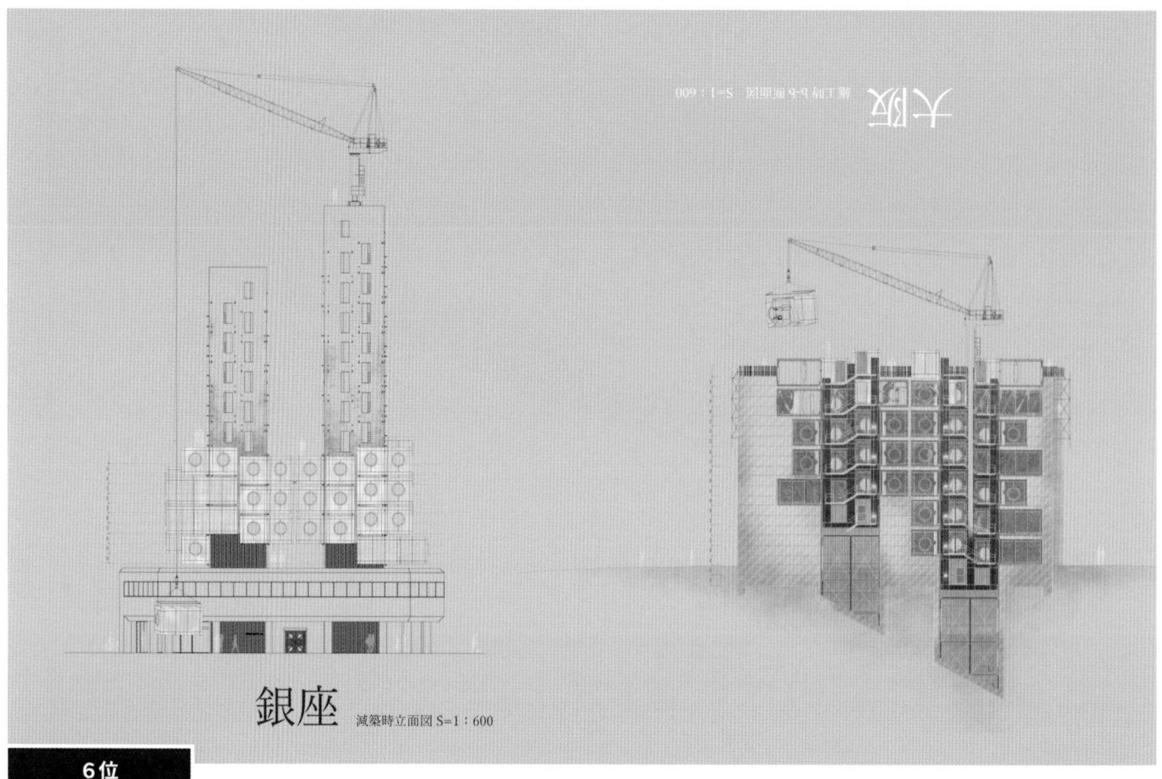

6位

寂滅の新陳代謝 ― 中銀カプセルタワービル納骨堂転生計画 ―

KSGP 20191
竹内 一輝 Kazuki Takeuchi
東京藝術大学大学院 美術研究科 建築専攻

2018年6月、この建物の1階店舗、2階事務所、カプセル16個と底地を所有する中銀グループが、CTB合同会社に一切の所有権を売却した。CTB合同会社はカプセルタワービルに増築された裏のビルも同時に購入し、一帯の再開発を行いたいと管理組合理事会で報告。中銀カプセルタワービルは借地権の建物だが、8月に入り土地の新所有者から、今後借地権譲渡の承諾を行わないとの通達があった。これによりカプセルの所有者は、自由にカプセルを売買することができなくなる。中銀グループとCTB合同会社はカプセルの各オーナーから所有権の地上げを開始し、短期間で一気に解体を決める決議に持っていくという根端である。一つの建築の結末を巡る論争は、今年をもって過激化すると共に、早くも数か月以内に解体という結論が出てしまう予想が立つまでに論争は最終局面に突入、刻々と決断の時が迫る。私はこの事実を7月に参加した見学会で知る。かつてないほどの滅びの運命が迫るこの建築に、私は生命における自然の節理を感じた。

カプセルという考え方が生まれた思想の故郷である、大阪万博記念公園の「花の丘」を敷地とする。

私はこの建築に単なる保存や解体ではない、別の解釈が可能であると仮定した。私は保存プロジェクト会、中銀グループ相互に話を伺いながら、さらに一ケ月の居住体験を含めたリサーチを行い、設計を行った。私は中銀カプセルタワービルの今に、中銀グループという組織の今後について考える人々の思慮と、一方でこの建築について考え行動する者たちの愛と意思の強さ、そして生の力強さを感じた。

生命体における新陳代謝は、生命が有限の存在であることが前提であり、建築における新陳代謝のアナロジーは、人間ほど脆弱な存在ではないとしても、人間同様滅びの美学を含めた枠組みでもある。かつてメタボリスト達が説いた動的な思想のように、日本には風土と宗教性が育んできた無常の美意識が存在する。美しく滅びること、それが寂滅という日本的な概念であるとすれば、新陳代謝を標榜しながら、一度も新陳代謝をすることのなかった中銀が生まれ変わるためには、中銀の新陳代謝がどのように終末を迎えるのかという、滅びの美学を追究することでもある。中銀そのものを使って地と図を反転し、140個のカプセルを思想の故郷である大阪万博記念公園にて700世帯の納骨堂へ転生する。その結末は、中銀が消滅し、人間の墓地としてのカプセルタワーを象徴化する墓標となり、諸行無常の運命を受容した、究極の悟りとしての新たな姿に生まれ変わるものである。「骨」は生の象徴であり、同時に死の体現である。「石」はその象徴性に形式を与えるものである。この納骨堂はかつて銀座の地で中銀カプセルタワービルが多くの人に愛され生きた記憶として建立し、骨は相対的に生の力強さを後世へ伝える象徴となる。

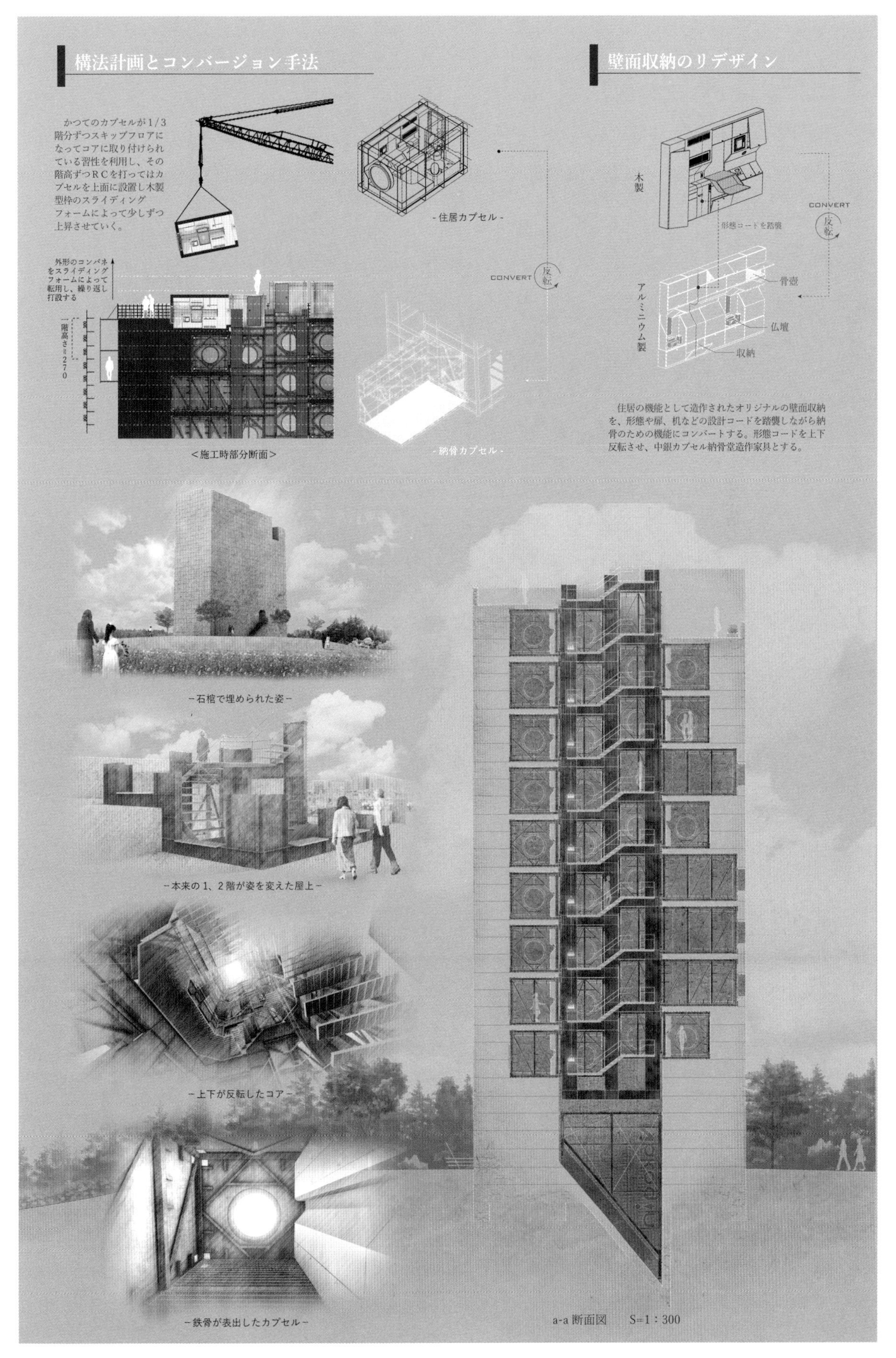
構法計画とコンバージョン手法
かつてのカプセルが1/3階分ずつスキップフロアになってコアに取り付けられている習性を利用し、その階高ずつＲＣを打ってはカプセルを上面に設置し木製型枠のスライディングフォームによって少しずつ上昇させていく。
外形のコンパネをスライディングフォームによって転用し、繰り返し打設する
一階高さ＝270
<施工時部分断面>
-住居カプセル-
CONVERT
反転
-納骨カプセル-
壁面収納のリデザイン
木製
形態コードを踏襲
CONVERT
反転
アルミニウム製
骨壺
仏壇
収納
住居の機能として造作されたオリジナルの壁面収納を、形態や扉、机などの設計コードを踏襲しながら納骨のための機能にコンバートする。形態コードを上下反転させ、中銀カプセル納骨堂造作家具とする。
-石棺で埋められた姿-
-本来の1、2階が姿を変えた屋上-
-上下が反転したコア-
-鉄骨が表出したカプセル-
a-a 断面図　S=1：300

質疑応答

長谷川　建物の全体の形がわからないので質問したいのですが、真ん中に赤い鉄骨のエレベーターシャフトなどがあって、外側がボリュームに、茶色い外壁が回っているように見えるのですが、コンクリートを打ち放している？

塚本　埋めているんだよね？

竹内　はい。コンクリートの現しとなっています。

長谷川　埋めているとはどういうことですか？

塚本　生き埋めなんだよ。カプセルをコンクリートの中に埋めて。

腰原　コンクリートの石棺をつくっているんだよ。

竹内　石棺に近い状態ではあります。

塚本　怖いよね。ドラム缶に入れられて、コンクリートを流し込んでいるんだよ。

長谷川　では、周りの部分はコンクリートのマッスなんだ？

竹内　マッスです。建物の外周は中銀カプセルタワーの元々の外形線を踏襲しています。

塚本　だから丸い窓が外に接しているのは一面だけなんだね。残りの窓は中に入ると、流し込んだコンクリートが見えるの？

竹内　その通りです。正面の丸窓だけ外壁面に表出したようなファサードです。

松田(法)　移転先として万博記念公園を選んだのはどういう理由ですか？

竹内　中銀カプセルタワーのコンセプトの元である、カプセルの思想が初めて実験された場が1970年の万博だと思います。黒川紀章さんの「タカラ・ビューティリオン」がカプセルの始まりと考えると、中銀の故郷に建てるような精神性があると思います。時代性や歴史の流れから、中銀の墓地を建てるのはやはり故郷ではないかと。

松田(法)　はい、大丈夫です。期待した答えでした。

松田(達)　カプセルそのものは全く見えなくなりますよね。それはあまり気にしないのですか？

竹内　内部空間に入ると階段があって、上っていくにつれて表出した鉄骨のエレメントの連続性を視覚的に感じられ、それによって初めて中銀の全体像が、外壁ではなく内部に

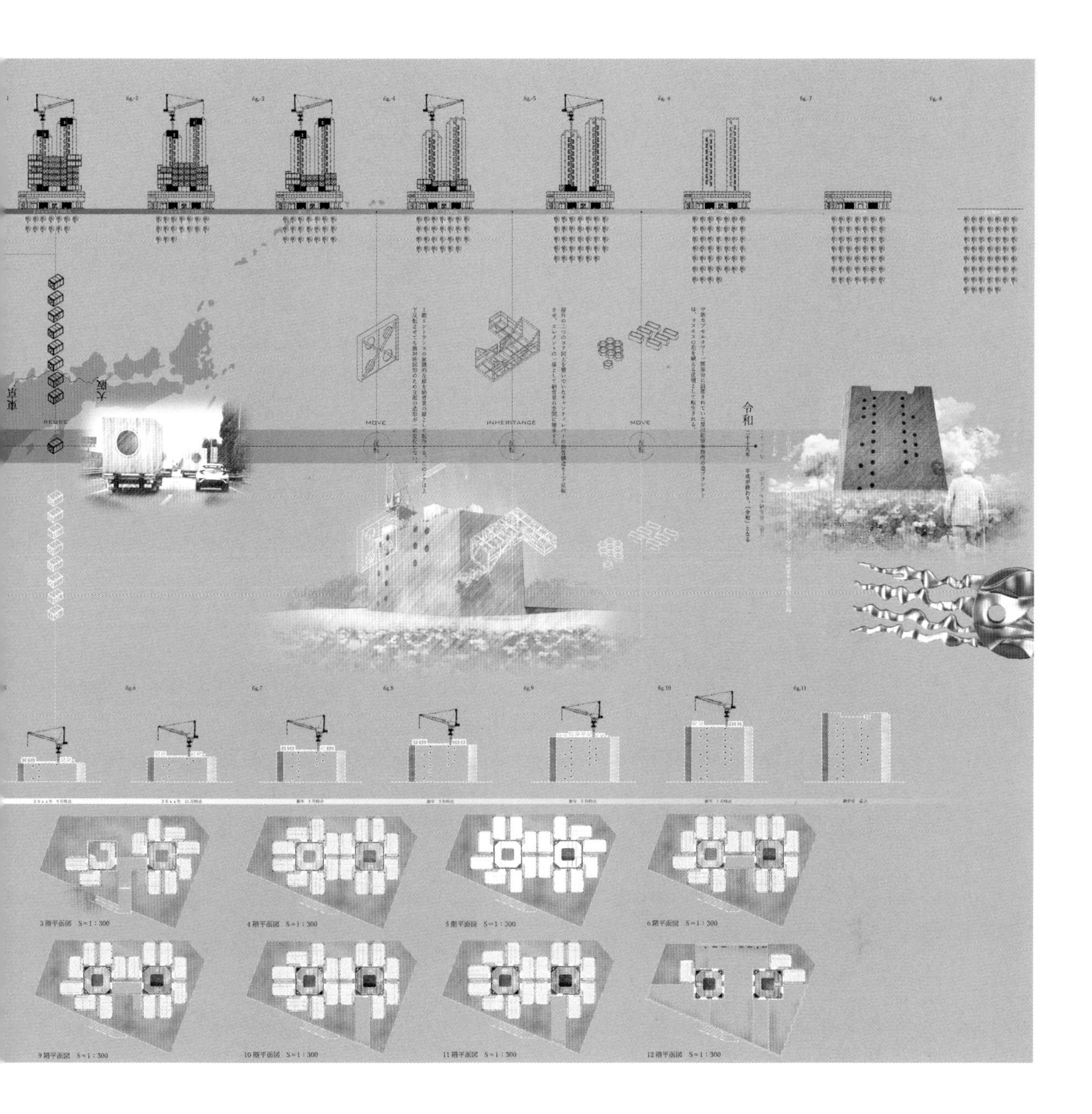

入って感じられます。

松田(達) それは何となく意図はわかったのですが、コンクリートの部分は厚み4～5mのマッスが、コンクリートがずっとあるということですか? 塀ではなく、壁でもなく、密実なのですか?

竹内 はい。

松田(達) それはすごいことですね。

松田(法) 絶対に出てこられない。

松田(達) そこに入って、カプセルを中から見ることができるのかと思ったのですが、そういうことはしたくないのですか?

竹内 オリジナルのファサードは感じることはできなくて、あえてそれは死を表現するものとして捉えています。内部に入って初めて、中銀の骨を意味する鉄骨のエレメントを空間体験し、かつての全体像が感じられる構成です。

松田(達) 中銀のお墓をつくったみたいな、そういう感じですね。

腰原 銀座の方の敷地はどうするのですか?

竹内 このまま解体されるストーリーを考えています。カプセルとドアなど設計に応用できるエレメントだけを大阪に運んで転用して、あとは解体します。

腰原 更地になって、記憶は何も残らないということですか?

竹内 記憶を埋設するということで、納骨堂転生計画を考えたという意味合いもあります。

松田(法) カプセルはシングルルームですよね。それは納骨堂になると何ルームになるのですか?

竹内 納骨堂なので世帯で数えます。1カプセルにつき5世帯が納骨でき、合計140カプセルあるので、全体で700世帯として計画されます。納骨される壁面収納は、かつての壁面収納の構造を踏襲していて、その上下を反転させてデザインしています。

長谷川 なかなか激しい提案だと思うのですが、誰のためにつくるのだろう。クライアントは誰を想定していますか?

竹内 まずはプロジェクトを立ち上げる人がいて、その人がファンドを立ち上げます。納骨堂の借用権というのを想定して、基本的にはファンドによってお金を集めて、納骨堂を建設していくというストーリーです。

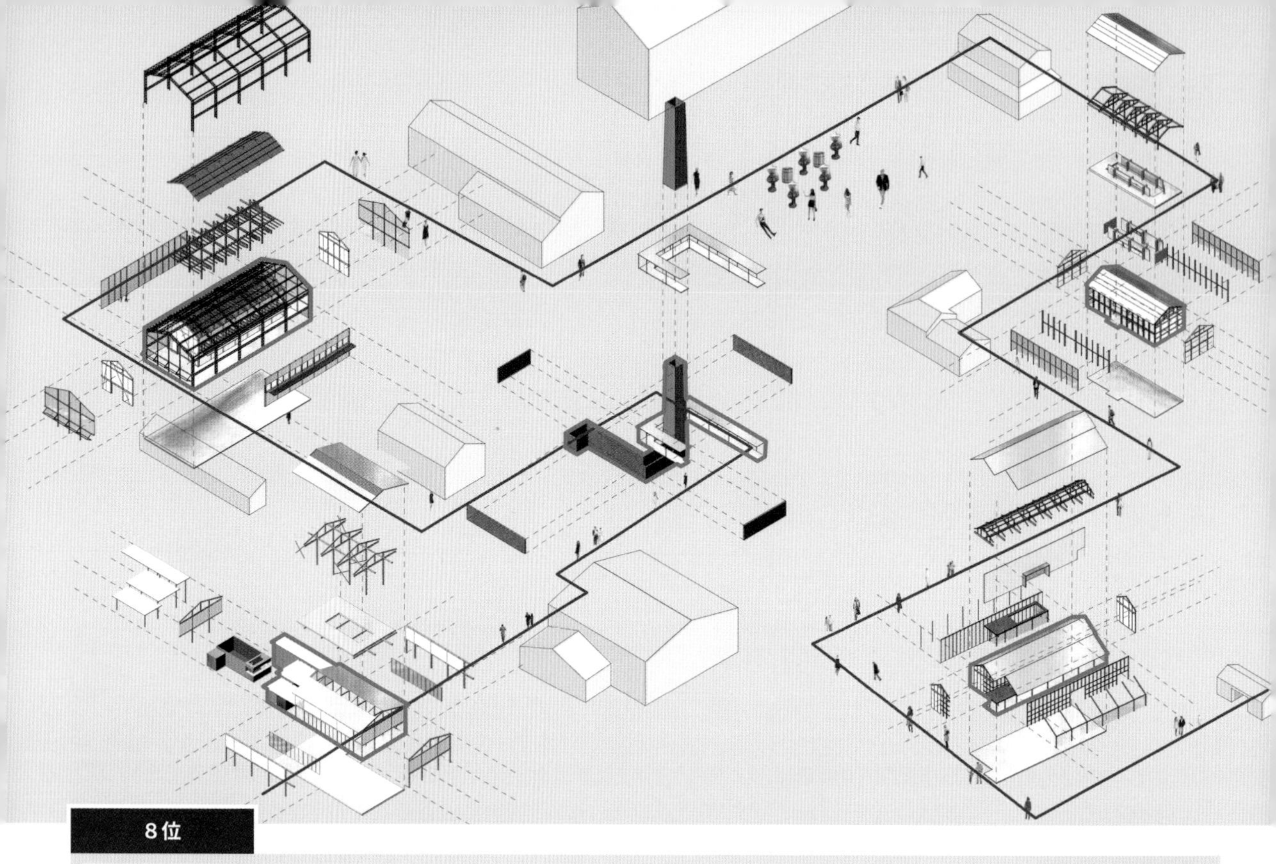

8位

積層する歴史

―「時間の蓄積」的デザインのリサーチから見る文化的保存と発展の手法―

KSGP 20010
遠西 裕也 Yuya Tonishi
東京都市大学大学院 総合理工学研究科 建築専攻

栃木県小山市に位置し、現在でも日本酒の製造を続けている「西堀酒造」。この酒造は江戸時代から続く伝統的酒造である。近年、国内だけでなく国外からも大きな注目を浴び、この酒造に多くの人々が訪れるようになった。また、敷地内に登録有形文化財を保有し、歴史的にも価値のある酒造である。来訪者の増加に伴い、次世代の発展に向けた改修計画を行う。この酒造の歴史的な価値の保存と次世代の酒造への発展を同時に行う。

この酒造は大きく分けて4期に渡り改修されていた。敷地を訪れると、乱雑として不気味な場当たり的な改修が多くみられた。この改修のあり方は構造や設備などの機能的な役割を果たしていない部分も多いが、それと同時にこの酒造の慣習的な部分に深く関わった改修のあり方であった。

この酒蔵の歴史的慣習と結びついた改修のあり方を「時間の蓄積」的デザインとして取り扱う。このデザインが既存建築に対してどのような『関係性』に置かれているかを分析し類型化を行なった。得られた関係性の操作をさらに「減築的」「調和的」「増築的」の3つに分類することで関係性の操作を把握した。リサーチから抽出し類型化された「時間の蓄積的デザイン」をデザインコードとして現代版へアップデートすることで、この酒造の歴史的空間価値を再考しながら保存と発展を同時に行う。

計画の概要としては有形文化財を含む使われなくなってしまった5つの既存建物を改修する。プログラムはこの酒造の将来想定に基づいて「酒蔵ギャラリー」「見学空間・レクチャールーム」「遺構体験空間」「レストラン」「情報発信ショップ」を導入した。これらのプログラムを敷地周辺のコンテクストからゾーニングし、街に開かれた次世代の酒造施設を目指した。

既存の中には構造的に不安定な部分も多く見受けられたため同時に耐震補強も行う。この時、既存の架構や歴史的空間を大きく損なわないことを心掛けた。

計画を行う際、既存と新設は明快に区別ができるように素材の取り扱いには十分配慮した。既存の架構をこれまでの慣習の中の事象として扱うことで空間に地層のような「時間の蓄積」を表象させ、即物的な空間となることを目指した。これにより既存空間の歴史的価値を尊重したままこれまでの歴史の中で繰り返されてきた改修を汲み取り、次の計画へと発展させていくことで歴史の中の断片的な計画ではなく、これまでの歴史の延長線となり、この酒造の新たな歴史を作るような計画を目指した。

江戸時代から続く伝統的酒造。
登録有形文化財を保有し、多くの見学者が訪れる。

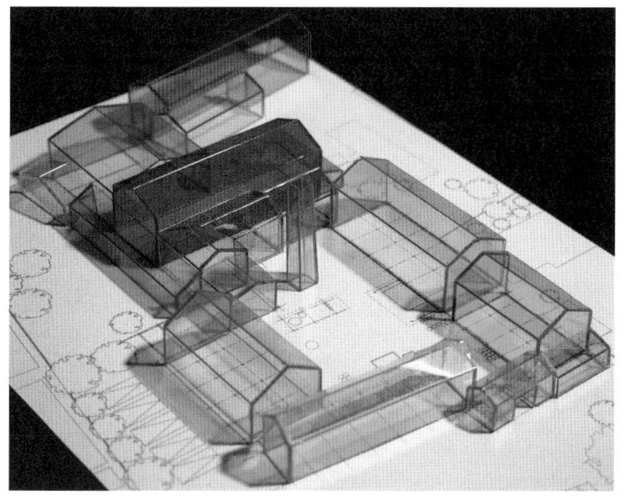

幾度とない改修が重ねられてきた西堀酒造

西堀酒造はこれまでに大工によって、大きく分けて４回もの改修が行われてきた。
改修の仕方は「あり合わせの手法」であり、これまでの文化の保存と発展を同時に行うような改修の仕方だった。

敷地に見られる「時間のデザイン」

敷地内をリサーチすると時間が蓄積されたような痕跡がたくさん見られた。その痕跡を記録し、分析することでこの敷地における「時間のデザイン」を抽出した。

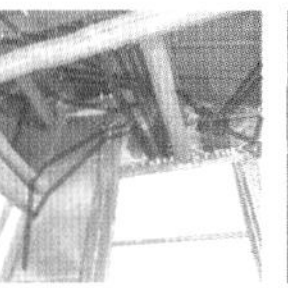

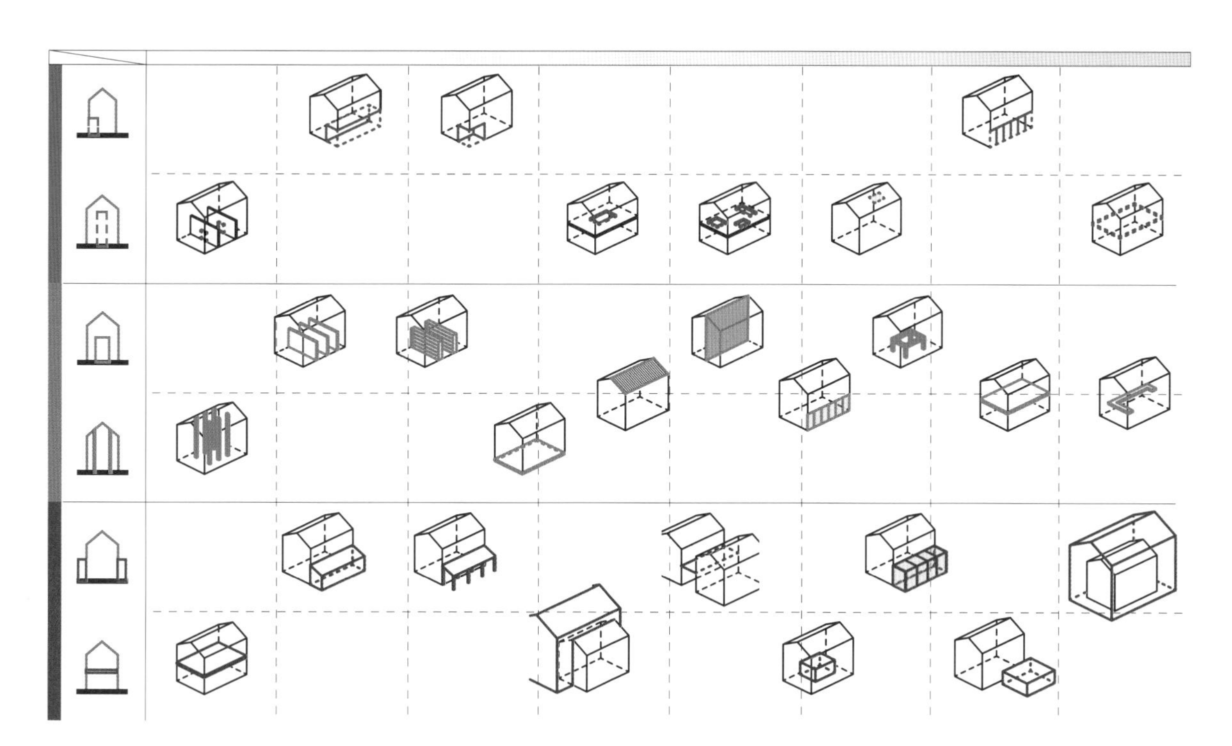

「時間の蓄積」的デザインのリサーチとその応用

「時間の蓄積」的デザインとして取り扱う。このデザインが既存建築に対してどのような『関係性』に置かれているかを分析し類型化を行なった。得られた関係性の操作をさらに「減築的」「調和的」「増築的」の３つに分類することで関係性の操作を把握した。リサーチから抽出し類型化された「時間の蓄積的デザイン」をデザインコードとして現代版へアップデートすることで、この酒造の歴史的空間価値を再考しながら保存と発展を同時に行う。

No.01　日本酒ギャラリーへの活用

日本酒製造の歴史を伝えるためのギャラリーに転用する。
既存の大空間を回廊空間と大空間の２つに分けることによって、蔵の空間的魅力を体験する空間を提案する。

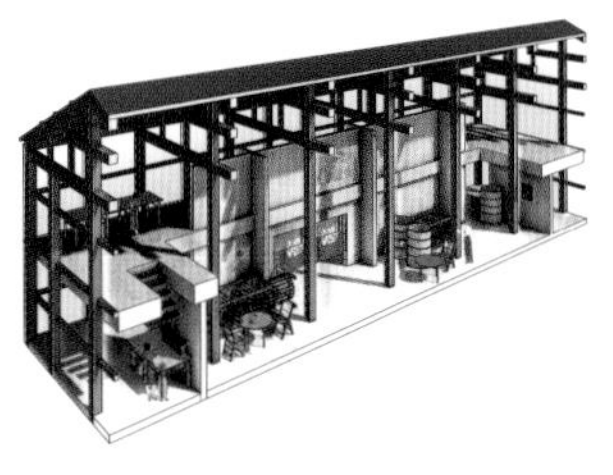

〈空間構成ダイアグラム〉

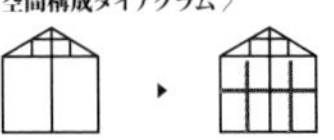

〈時間の蓄積ダイアグラム〉

No.02　製造工場の見学空間としての活用

見学用の施設を併設する。
スーパーシェッズにより既存の構造強度を高めながら、倉庫の周りに見学用の施設とすることで酒蔵の製造過程を発信する空間にする。

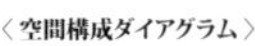

〈空間構成ダイアグラム〉

〈時間の蓄積ダイアグラム〉

No.03　遺構と

シンボルとして残されている煙突空間の体験を可能にする。
遺構としての煙突が物質としての保存ではなく文化の保存を行う空間として計画する。

〈空間構成ダイアグラム〉

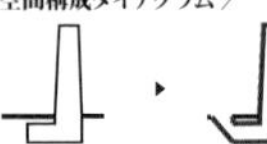

〈時間の蓄積ダイアグラム〉

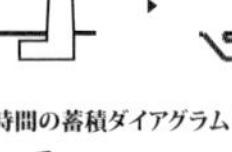

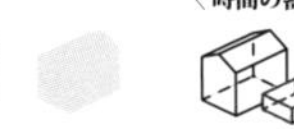
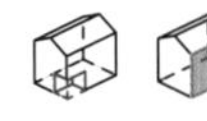

質疑応答

腰原　場当たり的な改修という言い方をしていましたが、全部撤去してしまうということですか?

遠西　基本的には構造として効いていない部分は撤去しています。

腰原　たとえばどういうところは残すのですか?

遠西　1階の計画で、たとえば一番古い蔵の改修では、柱と柱の間にある柱の上の梁が少し折れていて、その下の柱は残しています。

腰原　そういうのは時間の蓄積に入るんですか、入らないんですか?

遠西　入ります。

腰原　要は撤去してしまうものは時間の蓄積には入らないものだということですか?

遠西　そうとも捉えられないです。

腰原　そういう試行錯誤も含めたものが時間の蓄積のような気がするので、なんとなくダメなものは取って新しいものは加えますということだとすると、場当たり的な改修が続いているだけじゃないかなという気がします。

遠西　そういうデザインの在り方を踏襲してつないでいこうという案です。

腰原　だからそういう意味では場当たり的というよりは、「こういう価値観でこういう風に改修をしたんだ」ということを説明できれば、場当たり的という言い方は出てこないのではないかなという気がしました。結果的には場当たり的に見えるんだけど、当時の人たちは何か目的を持って大事にしているはずなので、それをもう一回再評価してあげるというのが大事なのではないかなと思います。

宮下　改修のナンバー2で大きく蔵自体を鉄骨で囲っているのがありますね。倉庫っぽい雰囲気を出していますが、この辺の意匠はどのような狙いから決めているんですか?

遠西　大屋根をかける案から始まって、かける際に蔵の在り方を考えたとき、蔵の構造的に上から吊ったほうがいいのではないかと考えて、少し大きな構造体となってこのような状態になりました。

宮下　それを鉄骨むき出しのこういった雰囲気にした意図的な理由はあるんですか?それとも一番軽量でつくったというイメージで

しての煙突の活用

No.4　日本酒レストランへの活用

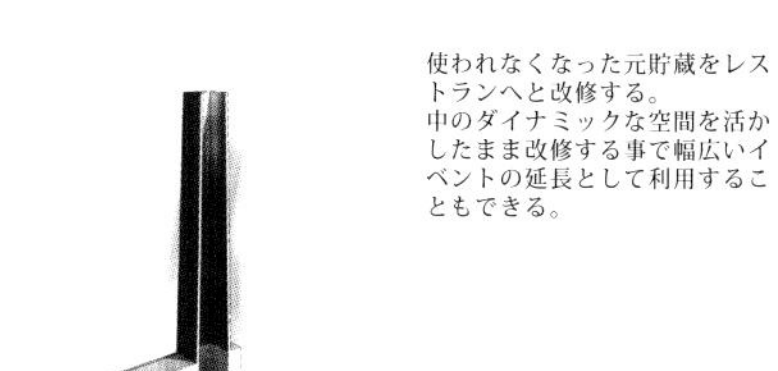

使われなくなった元貯蔵をレストランへと改修する。
中のダイナミックな空間を活かしたまま改修する事で幅広いイベントの延長として利用することもできる。

〈空間構成ダイアグラム〉

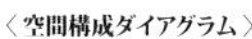

〈時間の蓄積ダイアグラム〉

No.5　情報発信ショップへの活用

元仕込蔵を情報発信ショップとして改修する。
日本酒の情報を発信する場であるため、街に開かれた空間となる蔵と外部の中間領域のような空間を並置する。

〈空間構成ダイアグラム〉

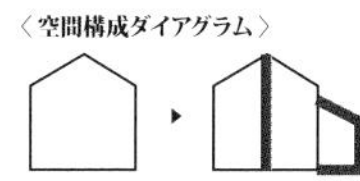
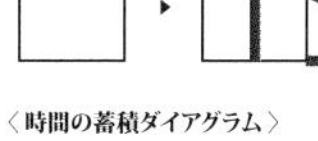

〈時間の蓄積ダイアグラム〉

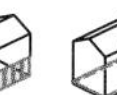

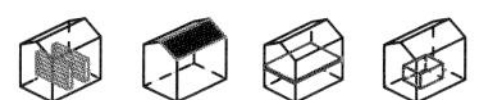
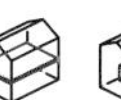

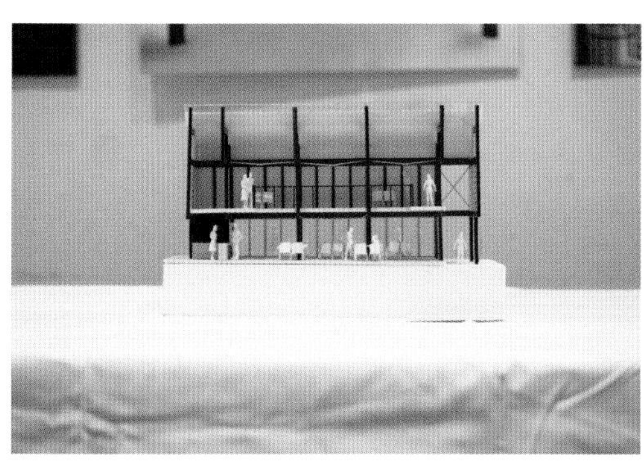

すか?

遠西　軽量でというのもあります。あとは設計全体として、蔵に対して新しい構造を入れるときになるべく素材として同化しない意匠を心がけました。

松田(達)　プレゼンの右上のダイアグラムで、縦軸に減築的操作、調和的操作、増築的操作とあり、横軸に保存・発展が設定してあります。つまりは、この2つの軸で想定されるところをひと通り埋めてある感じがするんですよね。何か操作のカタログをつくっているような感じがして、結局全体的には何がしたいのかが少しわからない感じがしました。このカタログそのものをつくりたいのか、それともここから意図的に目指す方向性があるのか、どちらでしょう?

遠西　最初は後者を重視していたのですが、これからの時代を考えたうえで一度カタログに落とし込むのも一つの手法だと思い、表としてリサーチをまとめました。

松田(達)　それはこの作品の強さであり、弱さかなという感じはしたので一番気になったところでした。でもはっきりとカタログ的なものという側面があると言ってくれたのは、作品を理解するうえでわかりやすかったです。

松田(法)　タイトルバックにある全体のダイアグラムですが、今の3種類の操作との関係がよくわからなくて。赤線は来客の動線なのかなというのはあるのですが、ここで分解されて示されている建物のエレメント群と、やることとの関係としては何を示した図なのですか?

遠西　まず、歴史的空間を再解釈しようと考えたときに対象としたのは、文化的登録有形文化財でした。どこを歴史的価値として捉えているかが僕の中であやふやだったので、一度蔵を時間という単位で分解してみようという意図の現れです。

松田(法)　時間というより、壁、屋根、小屋組みみたいな、建物各部の分解図に見えます。

遠西　パーツとしては構造体や素材に注目していますが、そこでの時間というものを少し抽象的ですが表現しようとしています。

9位

神社境界の准え

KSGP 20179
児玉 祐樹 Yuuki Kodama
名古屋大学大学院 環境学研究科 都市環境学専攻

私は、生まれ育った地元の一宮市を、どうしたらより良いまちにできるかという点で、この作品に取り組んできた。

愛知県一宮市は対象敷地である真清田神社を中心に市街地が発展、尾張国の一宮として人々の信仰の中心でもあった場所である。まちの物理的・精神的な中心であるこの神社が「まち」・「神社」のつながりを取り戻し、祭事のための「ハレの場」としてだけでなく、日常利用のための場として再生させ、まちの中心としての神社を取り戻すことで一宮市がより良い都市になるのではないかと考えた。

この真清田神社の特徴、問題が2点ある。

1. かつてまちと密接なつながりのあった塀の衰退

祭り道具の倉庫として利用していた塀の内部の空間を、戦後の引揚者のために貸し出し、神社前にまちとのつながりを持った賑わいがあった。また、この場所の賃料は戦災によって焼失した社殿の復興費に充てられ、密接なつながりを持つ場所であった。しかし、高齢化や経済成長により、シャッター通りとなってしまった。

2. 旧境内に建つ大規模公共用地

対象敷地はかつてすべて境内であったが、戦後の減歩により北側の約40%が公共用地となり、39mの境内の神聖さを損なう公共施設が建設されてしまった。また、築40年以上が経ち、更新の時期が迫っている。

この2点に着目し、公共施設の建替えとともに「まち」と「神社」をつなぐための「へい」、新しい境界の在り方の提案を行った。

壁によって線的に分けられている関係を、柱によって構成、面的に緩やかにわけていくことで「まち」と「神社」のつながりを創る。全体の構成としては、日本の空間や建築の最初の形といわれる「神籬」の在り方を基に「囲う」ことで形成し、周辺状況に応じて拡幅・切り欠いていくことで人々を引き込むと同時に、空間の違いを感じさせるための境界となるよう形成した。

この二つの操作に加え、神社側を5寸勾配、軒先高さ2100、まち側を3寸勾配、軒先高さ2700とし、屋根勾配の変化が緊張感をもたらすことで空間の切り替わりを意識させることを目指した。また、全体で屋根勾配、軒先高さを統一することで、景観としてのデザインの美しさをもたらした。

これら操作を、敷地の状況に合わせて、屋根の構造を木造フレームや、吊り構造へと変化させていき、サイズも変化させていくことで、緊張感の操作を行い、内部構成についても入れ子状や、両面ガラス、腰壁による分節等変化させ、人の集まりやすさと同時に空間の変化を印象づけていった。

断面で表記した紫色部分が「神社」を感じられる空間、水色部分が「まち」を感じられる空間となっている。

公共機能のゾーニングは、地域住民がどのように利用しているかを調査し、それを基に対象とする利用者にふさわしい機能、配置計画を行った。

「まち」と「神社」をつなぐ塀の衰退

祭り道具の倉庫であった塀内空間を、戦後市民に貸出し、商業が行われたため賑わいがあった。

また、賃料は神社の戦災復興費の一部となり、神社とまちの密接なつながりのある場所であったが高齢化、経済の発展とともにシャッター通りとなり、つながりが分断されてしまった。

旧境内に建つ公共施設による神聖さの希薄化

本敷地はかつてはすべて境内であったが、戦後の減歩により北側約40%が公共用地となり、公共施設が建設された。境内にそぐわないボリュームにより神聖さが損なわれてしまった。

また、築40年以上が経ち、更新時期が迫る。樹木の残された本殿裏は公園とされているが、人の寄り付かない場所となってしまった。

Proposal：敷地の特性を活かした新しい境界の構成手法の提案

・真清田神社の塀の内部空間が存在するという特徴を残し、「つなぐ」ための境界へと作り替える。

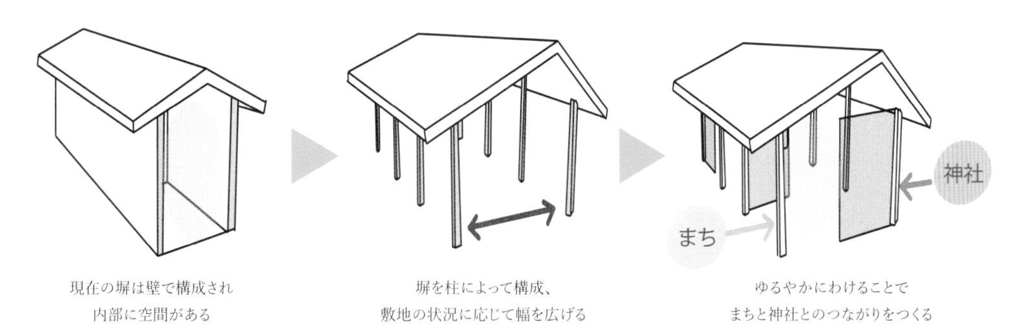

現在の塀は壁で構成され
内部に空間がある

塀を柱によって構成、
敷地の状況に応じて幅を広げる

ゆるやかにわけることで
まちと神社とのつながりをつくる

・日本の空間、境界の最初の形「神籬」の在り方を基に、「囲う」ことで「わける」ための境界を形成。

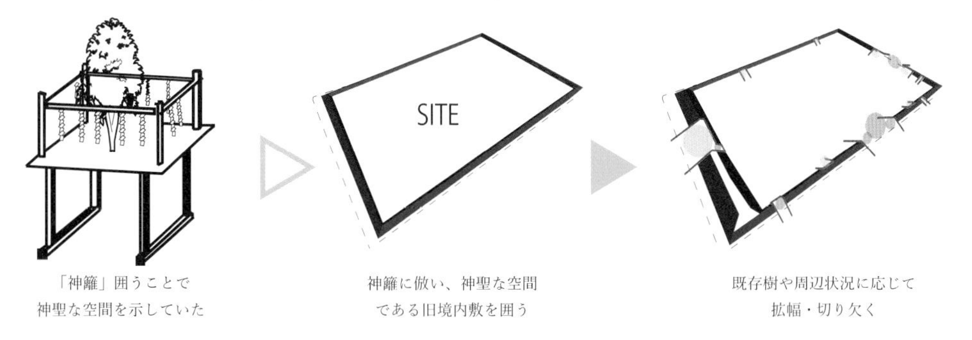

「神籬」囲うことで
神聖な空間を示していた

神籬に倣い、神聖な空間
である旧境内敷を囲う

既存樹や周辺状況に応じて
拡幅・切り欠く

・日本の空間、境界の最初の形「神籬」の在り方を基に、「囲う」ことで「わける」ための境界を形成。

・屋根

移動時の緊張感の変化をつくる

・段

動作、視線の変化により移り変わりを表す

・格子

プライバシーを守りつつ緩やかに空間をわける

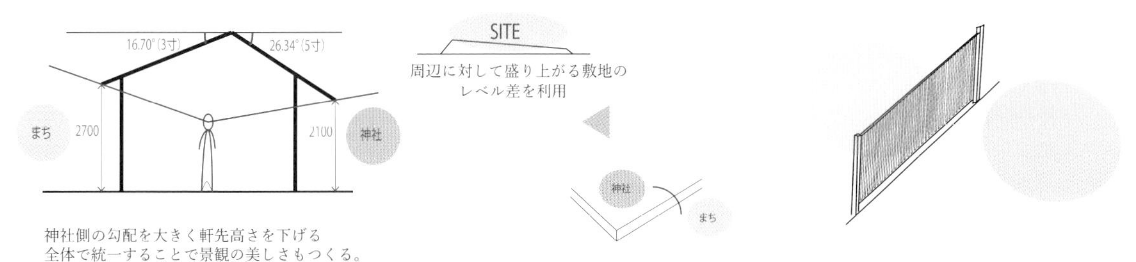

神社側の勾配を大きく軒先高さを下げる
全体で統一することで景観の美しさもつくる。

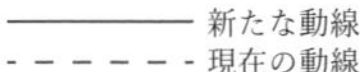

・参拝者

境内の魅力はあるが、参拝者の少ない摂末社への参拝路を形成する

・小中学生

敷地北側にある、3つの小中学校からの、下校後の子供の居場所をつくる

・社会人

駅へと向かう動線が敷地の4面にあり通勤、帰宅時に立ち寄れる場所をつくる

・ランナー

楼門をゴールとして昼夜問わず多くのランナーが存在するため、敷地内へと招き入れる

・主婦

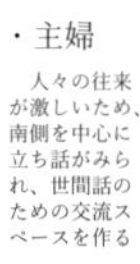

人々の往来が激しいため、南側を中心に立ち話がみられ、世間話のための交流スペースを作る

・平面図兼配置図

南側は本殿や摂末社にも近いため、「へい」内には神社のための空間となる参拝路を神社側に形成する。
敷地に隣接する道路は自動車交通量は少ないが、歩行者や自転車の交通量は多いため、道路までつながるように滞在スペースを構成していく。

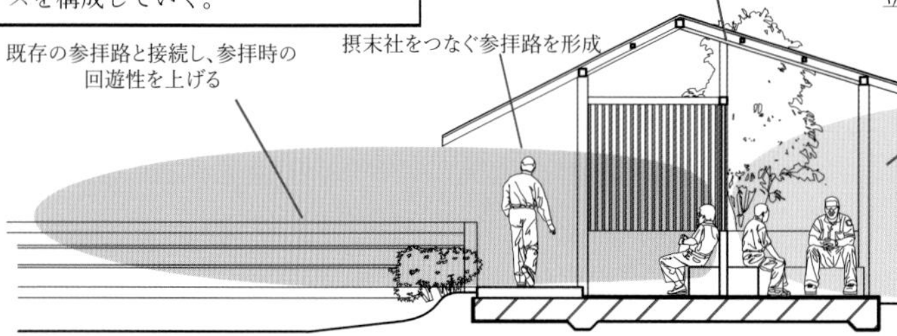

・南東側断面図

質疑応答

松田(法) 提案では、塀という現状をさらに拡張することを選び、一方では敷地の40%を占めていた公共施設を取り払うということですが、歴史的に経てきた時間はどちらもほぼ同じわけですよね。そうすると、なぜその2つの歴史をあなたは選別することができるのか? 自分がやりたい表現にとって面白そうだから塀は有益なものとして拡張し、公共施設はつまらないから取っ払うのか? そこを教えてください。

児玉 説明が足りていなかったのですが、取っ払うということではなく、この公共施設の機能を塀のなかに入れるという構成になっていて、それが機能としては、人々の敷地周りでの動きから分解していくような形で構成しています。

松田(法) 機能は分散していると思いますが、構築物は撤去するんですよね? 塀を歴史だというなら、公共施設の歴史を消去することはなぜ選択できるのですか?

児玉 ここにボリュームで建っているものを敷地の周りに配置することによって、公共施設側からの視点に立って見ると、公共施設が箱として閉じてしまってわからないという状況を開いていく、まち側に見せていくことでその機能を広げて行こうとしています。

林野 質問の意図と答えがずれてしまっています。同じ時間を経た塀と公共施設の一方をプラスととらえ手を入れて、もう一方をマイナスと捉え撤去した判断基準は何かということです。

児玉 敷地全体を見たときに違和感のある、1つだけ大きなボリュームで建っているという点で公共施設をマイナスと捉えています。

塚本 戦後につくり変えられた塀、細長いのがあったけれども、塀に関してはその前の世代のものもたくさんあるということだよね?

児玉 そうです。

塚本 そうすると塀のほうが正統だという考え方だよね。

腰原 逆になぜ全部整えてしまうんですか? 今言ったようなことだとしたら、各エリアというか各塀にいろいろな経緯でいろいろな変化を南西側は大通りに面し、人通りが多いため、公共施設の機能を多く取り入れる。
「まち」から「へい」を見ると視線が空へと抜けていくが、社殿にも近いため、内部に入ると「神社」も感じる空間となる。
吊り屋根、木造フレームの屋根の間で空間が変化していく構成となる。

周囲への圧迫感をなくすため高さ5500で抑える
中央にできた屋根のない空間は空へと視線が抜け開放感をもたらすとともに、勾配屋根による緊張感を強調する

大きな勾配屋根は緊張感を強め、神社へと向かう心理的変化を促す

「へい」の厚みも境界の強弱に作用するため、「まち」側を特にオープンに、これにより公共施設機能を「まち」へ見せることで、交流を促し、施設利用率の向上を図る。

祭りの日には中央のオープンスペースに屋台を配置する。
現在境内に乱雑に配置される屋台問題を解消するとともに、南側参道だけでなく祭りの場を広げていく。

・南西側断面図

「へい」がまちと神社をつないでいく

神社のための「へい」の空間は落ち着いた場として、まちのための「へい」の空間は人々を引き込むような空間となっている。
少し離れて見た際には、まちと神社の間の一本の線のように感じられる。

してきたわけですよね。それを一気に全部統一させた塀にするというのはなぜですか? 寺院がそれなりの特徴を持っていて歴史を刻んでいるという評価は無いのですか?

児玉 全体として1つの形に整えることで、神社とまちというものをちゃんと分けている形をつくりました。ただ、塀の解釈によって人のスケールで近くに立ったときには分かれていることが感じられないようにしています。

塚本 単純に言うと公共施設の前にも塀を回すという手もあるかもしれないよね、ということです。

児玉 形として元々の旧境内をそのまま残そうと思っていたので、この街区全体に広げていくような形を考えました。

塚本 神社原理主義?

林野 先ほどから出ている話で、何をもって取捨選択し、何をもってオリジナルというのかが問われていると思います。他にご質問いかがでしょうか?

長谷川 祭り道具の倉庫を兼ねた商店がシャッター塀になっていて、そこに目をつけたのは良いと思うのですが、それも一回壊してつくり直すのですか? なぜ残さないんでしょうか?

児玉 かなり老朽化して、見た目として景観が悪い状況になっているので、それを一旦全て変えてしまおうという計画になっています。

塚本 でもこれ面白いよね。瓦屋根の下にシャッターが並んでいて、相当面白いよ。

児玉 僕も面白いと思っていたのですが、現状として使われていないので、使われる形を踏襲して考えています。

松田(達) 単純にこれは何の公共施設だったんですか?

児玉 複合的なもので、ほとんどは会議室で、茶室といった和室やトレーニングルーム、フィットネススタジオなどが入っています。

10位

家をほどき、水をむすぶ ―まちを育てる水路と共生する暮らし―

KSGP 20026
吉本 大樹 Daiki Yoshimoto
棗田 直路 Naomichi Natsumeda
野村 陸 Riku Nomura
瀧下 祐治 Yuji Takishita
近畿大学大学院 システム工学研究科 システム工学専攻

水路がまちを育てていくネットワークを構築する。敷地は岡山県北区庭瀬。かつて、水運のまちとして盛え、水路はまちのアイデンティティーであった。しかし、まちの画一化された住宅化が進み、水路は半分の幅ほどに埋められ、残った水路は住空間と隔てられ水路は裏化してしまった。

本提案では、水路を再び表舞台に引っ張り出し、一旦は分断された地域間のつながりを水路を通して取り戻す計画である。水と共生する暮らしをすることで、水路が紡ぎだす人と人とのつながりを提案する。

住宅と路の間には中間領域を通して生活感が

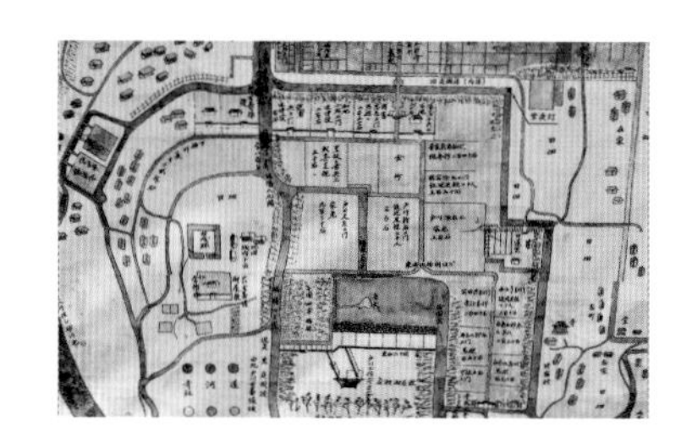

滲み出る空間が多数存在しており、内と外を曖昧につなぐ空間が存在していた。「井戸端会議」という言葉が存在するように、かつて日本では生活資源としての「水源」が人と人とのコミュニケーションを生み出す場・きっかけとなっていた。灌漑用水・水運で栄えた水路は住民の生活の中心であり、横のつながりで結ばれていた。しかし現在は水運の機能は必要なくなり、住宅街の機能を担う場所となった。水路にとって住宅は閉じており水路と住民にとって無関係の場所となり、水質汚濁やごみが目立つようになった。一方でかつての水路に対しての開き方はかすかに名残を残すのみである。

庭瀬の水路をリサーチしていくと、大中小の幅を持つ水路が点在し、お隣さん同士でつながることができるちょうどよい残余空間があることがわかった。私達は住宅と水路の間にある残余空間を再構築する。水路のスケールに合わせながら、建築を介入し中間領域を通しながら、水と共生する暮らしを提案する。

水路が一番大きいところには余剰空間・空き地を使い、かつて水路に点在していた常夜燈をまちに点在させる。常夜燈をまちの人々が活動するコミュニティ・ハブへと再編する。野菜直売所、食堂、放課後児童スペースが入っており、平面計画としては、しきりをなくすことで建物一帯に水路が見えることで住民の憩いの場となる計画にした。常夜燈はまちの展望台になり、夜はまちを照らす光になる。

また細い水路では住居の裏を開き、生活が水路に浸透していく暮らしを提案する。現存する水路に向けて閉じている外壁を開き、残余空間に建築を挿入する。また、住宅と住宅の間を掘割して用水路を住宅に引き込む。堀によって、閉じられた住まいは水路を通して開く。住宅の裏にはリビングや寝室があり、住宅の主機能がある。水路側に開くことでかつてあった境界はゆるやかにつながり、水路をはさんだお隣さん同士のコミュニティを再構築する。

水路には住民の趣味があらわれ、住宅それぞれがひとつの舞台装置になる。また、住宅を水路に引き込むことで、住戸同士の境界は曖昧になる。内部に水路を引き込むことで光は反射し、部屋が明るくなる。

その結果、平面だけではなく立体的に水路は住宅同士をつなぎ、まちを育てていくネットワークになる。

01 概念 / 水路がまちを育てていくネットワーク

01-a 敷地分析

古来の庭瀬を読み解く

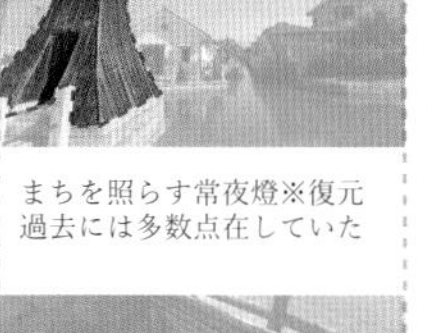

まちを照らす常夜燈※復元
過去には多数点在していた

雁木
水路に点在する港の名残

現在の庭瀬を読み解く

親水空間
水路に対しての開き方

点在する農園
灌漑農業で栄えたかつての農地

水質汚濁・ごみ問題
生態系の懸念

住宅と住宅の間
微狭ながら水路から
住宅の隙間へと流れている

02-b 空間分析 / 住宅に囲まれる水路

B-1. 水路（小）/ 幅 1 ～ 2 m

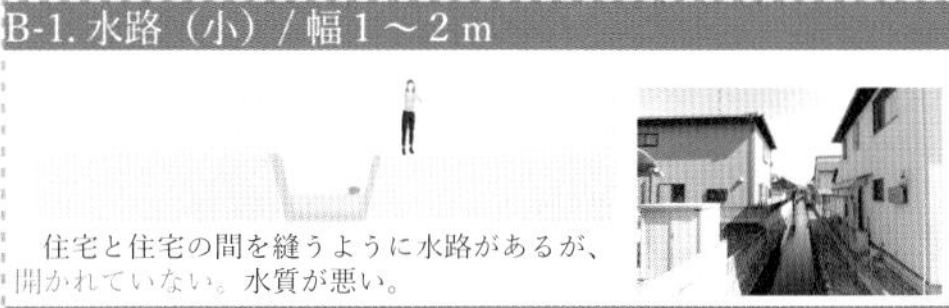

住宅と住宅の間を縫うように水路があるが、開かれていない。水質が悪い。

B-2. 水路（中）/ 幅 3 ～ 7m

住宅と住宅の間に水路があるが、塀を通して閉じられている。

B-3. 水路（大）/ 幅 7m～

住宅が水路に対して開かれ住民それぞれの住みこなしがみられる。

02 概念 / 水路がまちを育てていくネットワーク

02-a 水路を軸にした暮らし方

02-b 相関図

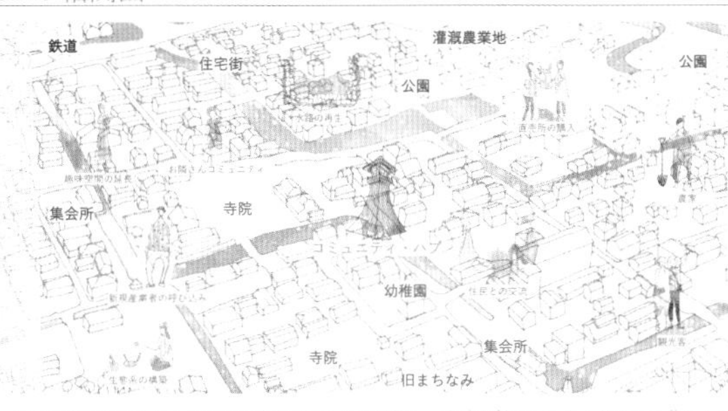

かつて水運のまちとして栄えた庭瀬のまちを再構築し、水路を軸にした水と共生する暮らしを提案する。暮らし、産業、生態系をひとまとまりにし、現代に適した水による新たな可能性を生み出し、庭瀬の人々が誇りを思えるような、まちへと変えていく。

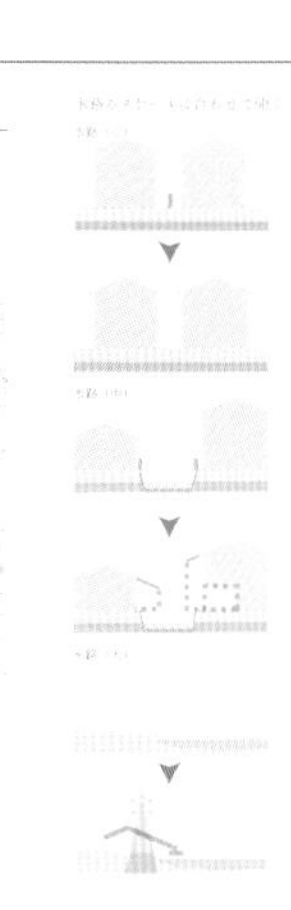

03 設計提案 -1/ 水路に拡がる舞台装置

03-a 設計ダイアグラム

空き家・空地

水路の面した空き家・空地

常夜灯を点在させる

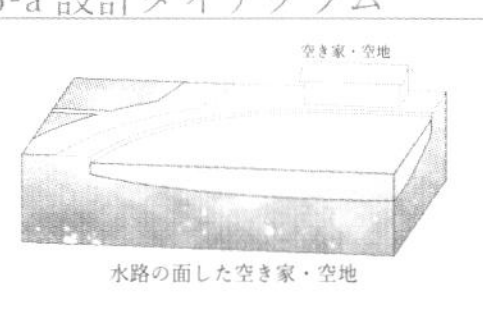

水路と陸地を縫うように建物を設計する

03-b 計画概要 / 水路に対しての開き方 / 水路（大）

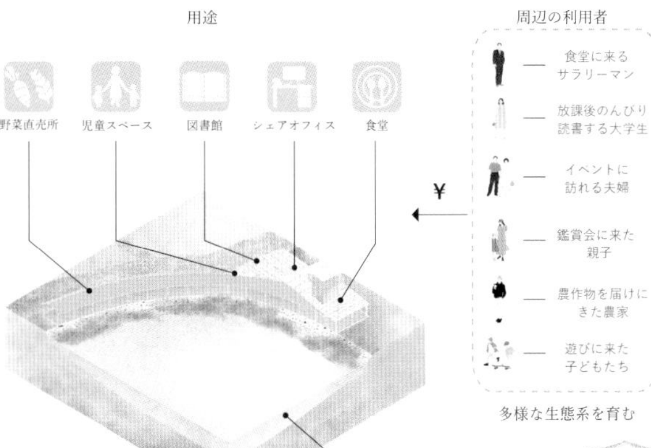

03-c 環境装置

まちを冷やすクールスポット

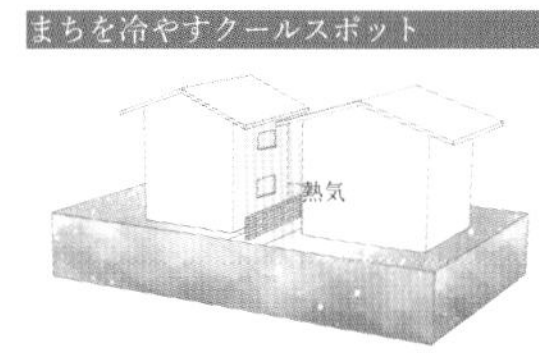

住宅と住宅が密集することにより、熱気はたまる。

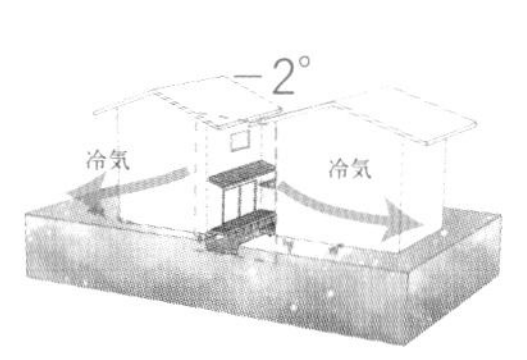

水路がまちに拡がることで、周りの表面温度をさげ、まちを冷やす。

04 設計提案 -2/ 水路に拡がる舞台装置

04-a 設計ダイアグラム

A-1. 設計ダイアグラム / 水路（中）

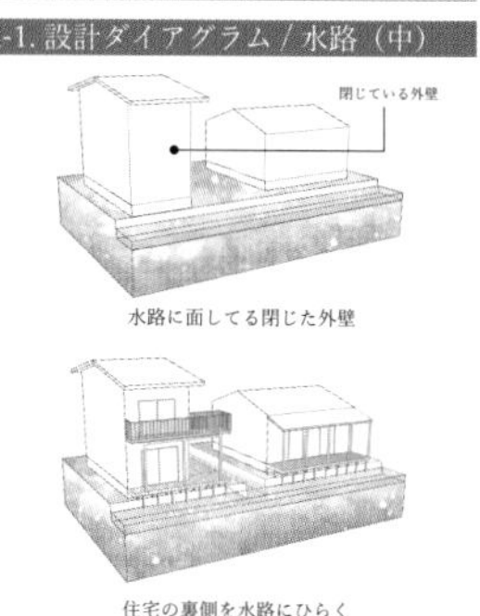

水路に面してる閉じた外壁

住宅の裏側を水路にひらく

A-2. 設計ダイアグラム / 水路（中）

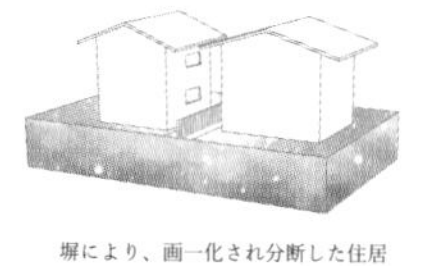

塀により、画一化され分断した住居

04-b 計画概要 / 水路に対しての開き方 / 水路（中・小）

B-1. 生活感を延長した親水空間の創出

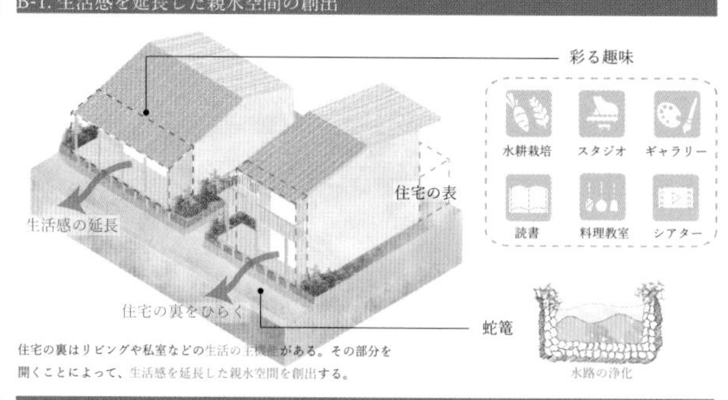

住宅の裏はリビングや私室などの生活の主機能がある。その部分を開くことによって、生活感を延長した親水空間を創出する。

B-2. おとなりさんコミュニケーション / かつての井戸端会議のような場の再編

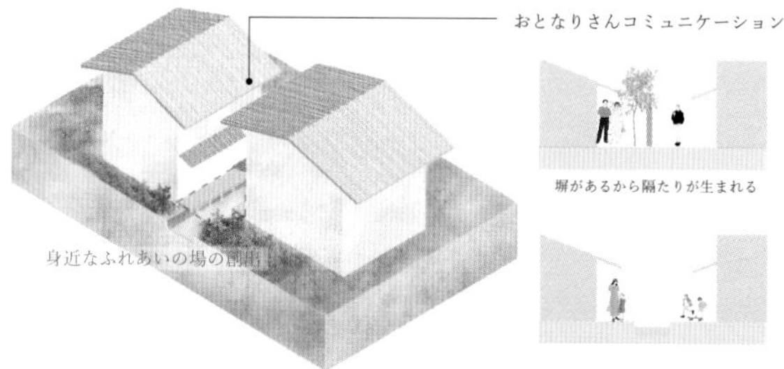

04-c 環境装置

C-1. 軒先の水耕栽培

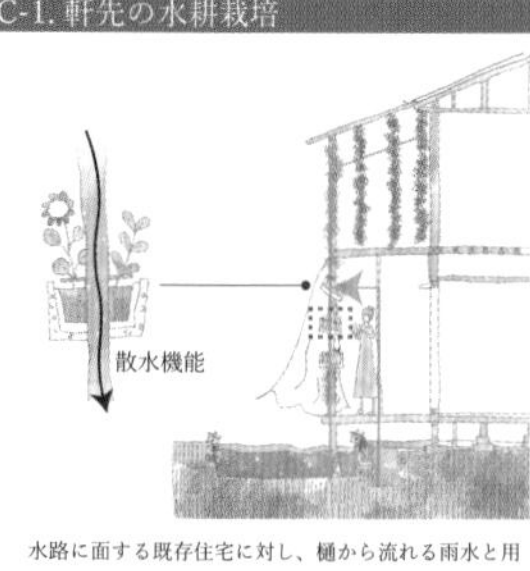

水路に面する既存住宅に対し、樋から流れる雨水と用水を利用して水耕栽培を行う。栽培による水路の浄化と作物の生産が作用する。

C-2. 生活用水への利用

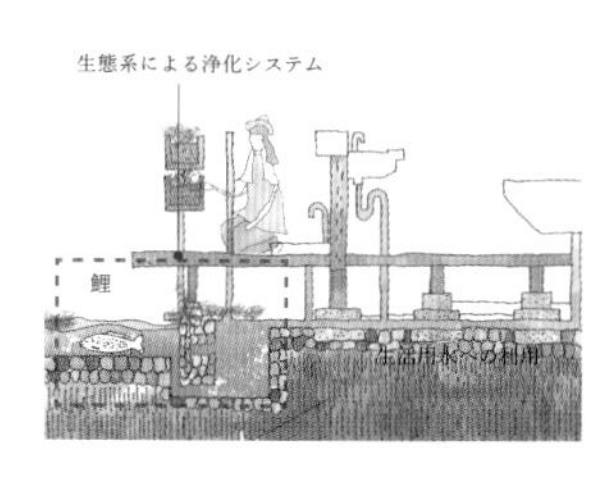

質疑応答

塚本 このパースが典型的ですが、少し下を隠したら、ほとんど郊外住宅地みたいな感じなんだよね。下に水があるというのが違うところだけれど、こんなに水に近くて、水との交流があるような暮らしとなると、こういう家ではなくなるのではないかと思います。

吉本 思い切って改築するという手段もあったのですが、それに対しては結構暴力的かなと思ったので、住宅の一部分を回収しながら水路に開く解き方をしました。

長谷川 それを言ったら、住宅地に水路を引くことのほうが暴力的ではないかな。これは元々あった水路ではなくて、塀を壊してそこに水路を引くということですよね?

吉本 そうですね。全部ではないですが、塀を取り払って掘削を行い、元々あった水路を延長させて水路を引いています。

松田(法) 2つ指摘したいと思います。まずは、災害との関係をどのように考えているかという問題です。ここは、大水害が起きうる土地と非常に近い条件にあると思います。具体的に言うと、つい数年前に死者を出した水害被災地の近隣地域が提案対象地に選ばれていますが、気象条件に加えて地形条件も被災地と非常に似ています。2点目は、今回水路を活用する複数の提案に共通する課題でもあると思ったのですが、水路がまちの裏空間になっていたり、暗渠化されたりする変容の一番大きな背景というのは、舟から自動車へという交通の変化だと思うのです。つまり特に舟運関係の水路を取り扱う場合には、まちに起こった空間的変化とは第一に、交通の転換によって発生したと思うので、水路を触る提案を行うのであれば、交通の問題がどう更新されるかが併せてクリアされないと、根本的な話にはならないと思います。一時的に水路だけを復元しても、少し経てば水路はやはり裏化するという、同じ過程を辿るのではないかと思います。以上の2点についてどう考えますか?

吉本 災害に関してですが、実際にここは洪水とか大丈夫なのかなと調べました。平成30年に岡山で豪雨災害がありましたが、

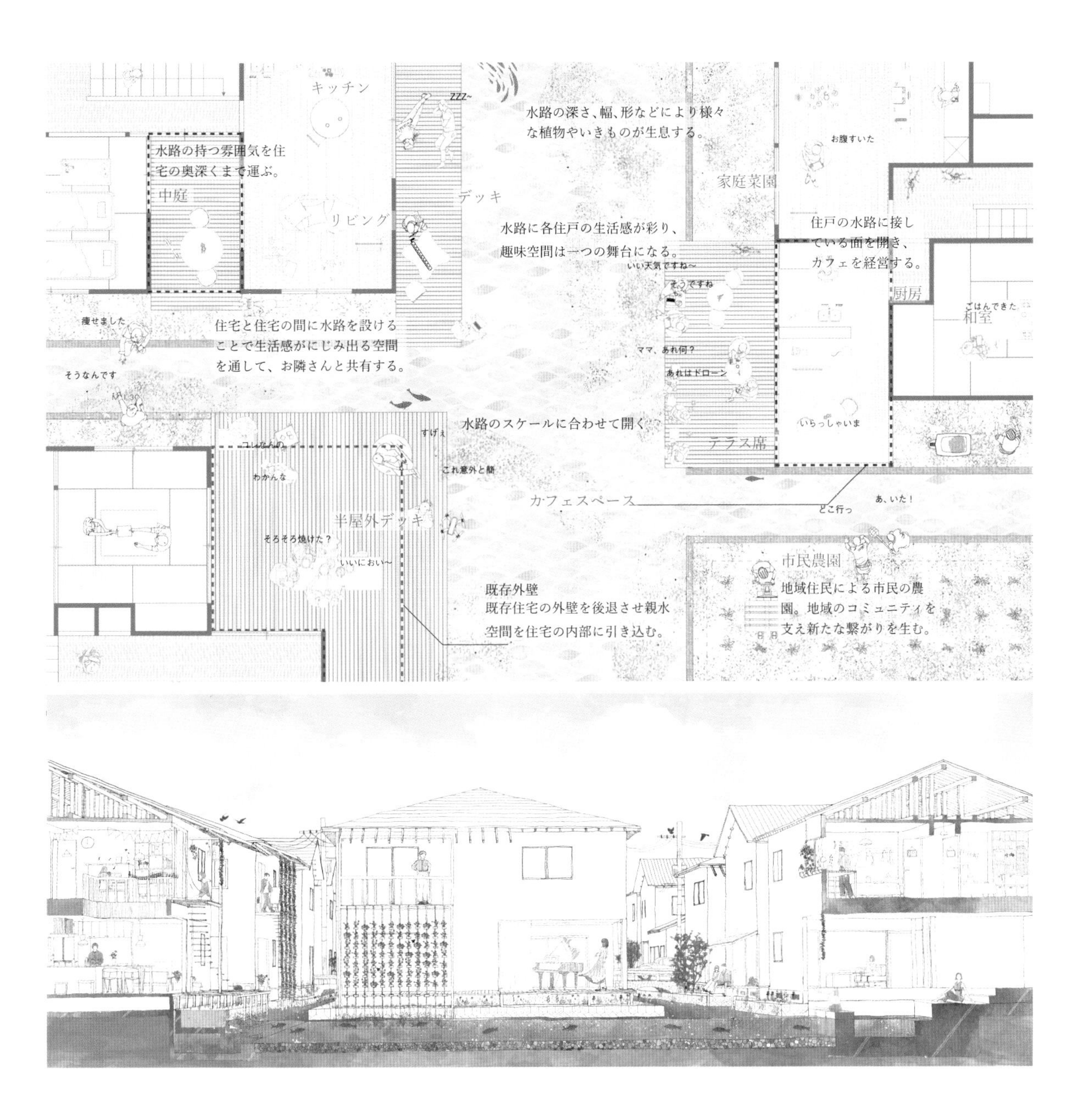

ここでは洪水被害がなくて、おそらく川に流れていくから大丈夫なのかなと思いました。2点目に関しては、車や交通が発達するとは思うのですが、この案では住民と住民のコミュニティやそういうものが発達すればいいかなと思っているので、あまり車は関係ないと思っています。

林野 記念講演の松田先生と腰原先生の発表にも非常に関係してくる話だと思うのですけれど、生活様式が変わって、暮らしが変わったあとに、単に昔のものに戻すということを受け入れていいのかという話にもつながってくるのかと思います。おそらくこのあとのディスカッションで聞かれると思います。

宮下 私もそれに関連して質問させて下さい。道のような公共空間において、水を介してふわーっとつながるコミュニティーという雰囲気は、感覚的にはわかりやすいと思うのですが、具体的な個々の建築、もしくは住空間との関係性がまだよくわからないんです。例えば、建物にどのようにアプローチをするのか、道と水路をどういうルールで関係させていくのか、既存の水路に対してどういう形で新しい水路を引き込もうとしているのか、など具体的なルールや手法が見えにくいんです。その辺りはどうでしょうか?

吉本 自分の手法としては、リサーチした水路に面した外壁があったので、それを住宅の裏側の水路に開きました。

宮下 そうすると、住宅の街区に対して背割りしているところに入れていくとか、そういうルールでつくっているというような感じなのですか?

吉本 そうですね。

塚本 でも接道していない住居もあるね。

宮下 少し裏だけに着眼してしまっている感じがします。元々は水運という話だから、もう少し水路自体を道のように捉えて考えてもいい気がしますね。水路が移動空間を担う提案があるのかなと思って聞いていました。

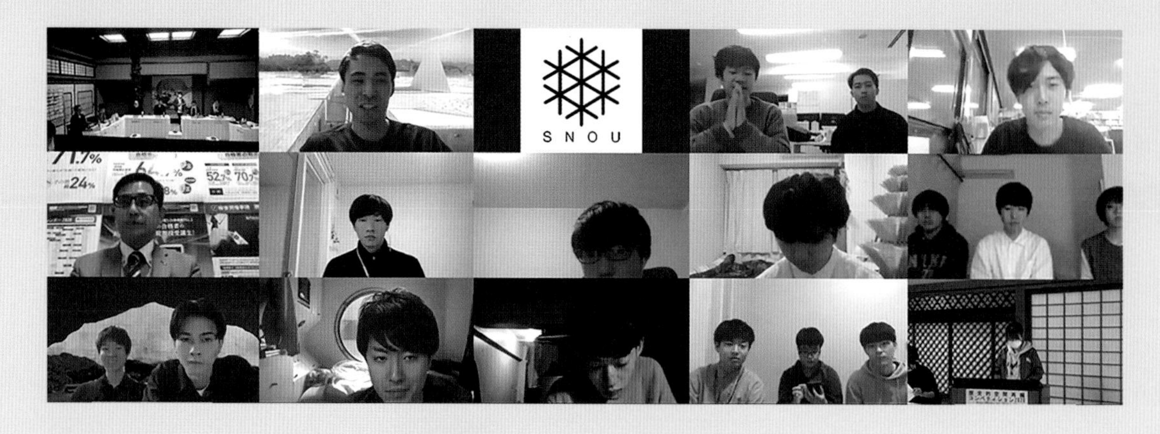

ファイナルプレゼンテーション ディスカッション

［日時］11月22日（日）13：45〜18：00

二次審査を通過した10作品のプレゼンテーションと質疑応答を経て、最後の議論のベースとなる審査員投票が行われた。その結果をもとに、各作品をさらに深堀りし、10位から各順位を決定。オンライン開催でも例年と変わらず、白熱の展開となった歴コン2020のグランプリの行方はいかに!?

10位〜8位　塀への愛はない「神社」 場当たり的な改修が「酒蔵」の価値

林野 ではここから、順位を決めていきたいと思います。まず、下の方から決めていきます。10位は8点の「水路」、これは順位確定でよろしいでしょうか。はい、それでは「水路」10位確定です。おめでとうございます。それでは、12点の2作品が同点8位で、7位がその4点差となります。もし異論がなければ、同点8位の「神社」と「酒蔵」で8位、9位の対決をしたいと思うのですがいかがでしょうか？ このファイナルプレゼンテーションは順位を必ず決めるというルールでやっていますので、8位と9位を決めていきたいと思います。では、「酒蔵」と「神社」それぞれに高得点を入れている審査員の方に、応援メッセージをいただきたいと思います。腰原先生は「酒蔵」に5点票を入れていらっしゃいます。

腰原 際どいところですが、先ほど質疑応答の際に、メニューなのか使い分けなのかというのと、場当たり的な補修を残すのか残さないかを大事にしていました。保全というのは1つの答えではなくて、いろいろなものに丁寧に対応していくということだとすると、全部の建物を一掃して、全部同じように直しましょうという選択肢はなくて、それぞれの建物ごとに、いろいろな手段を使って残していくことが大事だと思っているので、そういったメニューを出してくれたというところを評価しています。少し残念だったのは、持続性というか、修復の歴史というものを意図的に残そうとする意識が少し低かったのかなというところで、修復しながら守ってきた歴史というものを大事にして、ここはこういう風に残しました、ここはいじりましたという色分けができるともっと明確だったのかと思いましたけれど、その辺りの潜在的な可能性を評価しました。

林野 何を一時的なのか、どういう論理で残す部分を選ぶのかというのは、今の「酒蔵」の話でも、先ほどの公共施設か壁かという話があった「神社」の話でも、共通してある疑問かと思います。一方、「神社」に高得点を入れていらっしゃいますのは長谷川先生です。コメントをもらえますでしょうか。

長谷川 歴史的空間の再編というこのコンペに対して、神社の境界に目をつけたのは直接的だけどわかりやすいと思いました。公共建築を残すかどうかというのは、彼の気持ちもわからないでもないの

▶ 審査員投票結果

出展ID	出展者	作品名	略称	得票数
KSGP20009	髙木駿輔（東京都市大学大学院）	准胝塔	密教	16
KSGP20010	遠西裕也（東京都市大学大学院）	積層する歴史	酒蔵	12
KSGP20026	吉本大樹（近畿大学大学院）	家をほどき、水をむすぶ	水路	8
KSGP20066	七五三掛義和（東京理科大学大学院）	灰で彩る桜島	桜島	19
KSGP20102	渡邉康介（日本大学大学院）	エレメントが動く時	廃線	25
KSGP20133	藤川 凌（早稲田大学大学院）	石灰降る街	武甲山	22
KSGP20142	横畑佑樹（日本大学大学院）	切断すること、それは繋ぐこと	日本橋	23
KSGP20177	原田秀太郎（早稲田大学大学院）	見えない壁をこえて	見えない壁	26
KSGP20179	児玉祐樹（名古屋大学大学院）	神社境界の准え	神社	12
KSGP20191	竹内一輝（東京藝術大学大学院）	寂滅の新陳代謝	中銀	17

で、僕はそこは別にいいと思っています。ただ、あのすごくユニークなシャッターが閉まりきった塀に対する扱いがどうも理解できませんでした。老朽化が進んでいても、もう少しやり方があったのではないかなと。各塀ごとに吊り屋根を使ったり、いろいろ細かくデザインしているのですけれど、この場所にすでにあるユニークなエレメントを大事に扱うべきだったのではないかという気はします。

林野 はい、そうしましたら、学生さんにも少し聞いていきたいと思います。先ほど、少し積み残した質問もあったかと思います。まず「酒蔵」の遠西さん、場当たり的なのではないのかということについて質問が残っていたと思いますが、何か言いたいことはありますか?

遠西 まず、この蔵の中で歴史的価値を何かと捉えたときに、少し場当たり的な改修をして少し異質な空間ができているというところに、歴史的価値を見出せるのではないかと感じたのです。その中で、その場当たり的な改修をそのままずっと残すということに対して、そのままでは少し使いづらい空間というものも生まれてしまいますので、取るべきところは取ってしまおうと考えて、取っている部分もあります。おそらくそれに対して、そこをしっかり説明できればいいのではないかとおっしゃっていたと思うのですが、大きく提案したいのは、その場当たり的な改修をするという在り方、そういう蔵の慣習的なものを受け継いでいこうという提案になっていますので、その部分を歴史的空間と捉えて改修しています。

塚本 場当たり的な改修を続けてきたことが価値だと言っているんだよね? だから、場当たり的なものを否定はしていないんだよね? むしろ場当たり的な改修から、デザインコードを読み取って、新しくそれで全体をもう一回見直していこうということですよね?

遠西 はい、そうです。

塚本 その時に、全体を一気に改修すればある種の一貫性が出るのかもしれないけれど、部分部分で動かしながら改修していくから、どうしても場当たり的になる。臨機応変にやることによって、ハイブリッドな状態になる。たとえば宮本佳明さんの「ゼンカイ」ハウスは知っている? 知らないのか、1996年だからな…。神戸の震災で被災した宝塚の実家が全壊判定されたのだけれども、壊すのが嫌だから鉄骨で補強して住めるようにして、そこを設計事務所にしている建築家が示した、価値の転倒は凄かった。もうみんなびっくりした。本当にそんなことできるんだみたいな。そういう雰囲気がリサーチにありながら、パースになるとなくなっているのが惜しいですね。

腰原 そうなんだよね。その変なところを上手く残せるかというところな気がするのだけれど、変だから消してしまいましたという感じになってしまっている。

宮下 私も同感で、その辺りはもったいないなという感じがしますね。その辺が残っているデザインは、逆に言うとどこかにあるのですか? ここを見てくれるとその辺が表現されているよ、みたいなパースがあれば教えてください。

遠西 少し待ってください。

林野 探しているうちに、「神社」の児玉さんに一言聞きたいと思います。児玉さんにも、途中になっていた質問があったと思いますが、あの公共施設は潰して、塀の方は一部という根拠みたいなものを示せますか、という話しだったと思います。

児玉 公共施設に関しては、今は別に悪いものとは思っていないのですが、敷地全体で見たときに少し違和感があると僕は考えたので、それを分解していくことによって、全体に馴染ませようと考えたのでそうなっています。

林野 児玉さんに松田達先生が3点票を入れています。

松田(達) 境界をデザインするというところに目を付けたところが面白そうだなと思い、3点を入れました。ただ、話を聞いていくと、公共施設の扱いをどうするのかなとか、静か

「積層する歴史」
遠西 裕也
(東京都市大学大学院)

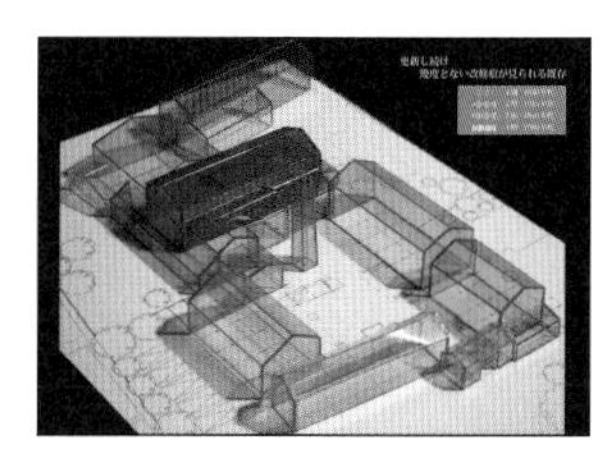

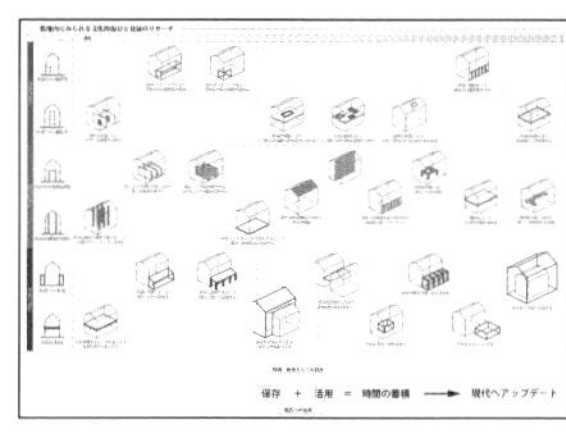

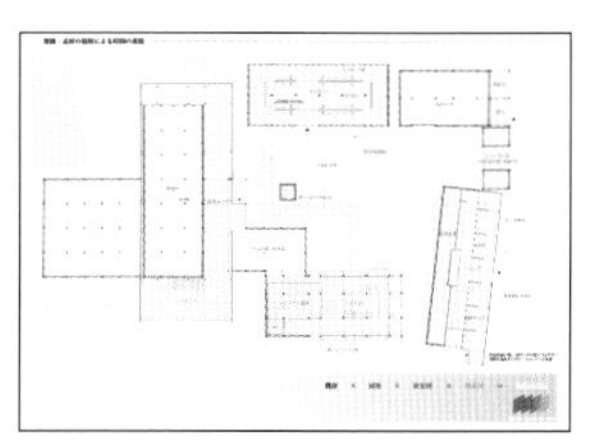

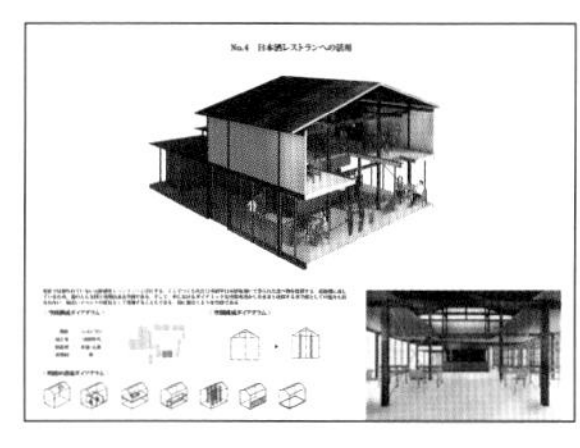

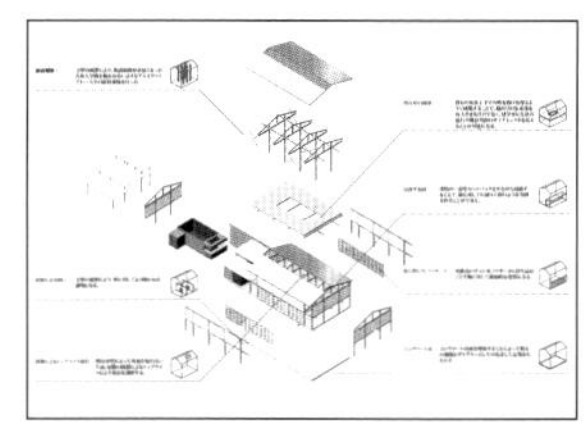

な空間をつくりたいのかなと思いつつも、プレゼンの右側のパースが少し寂しい感じがしました。また神社そのものには、ほとんど何も触れていないというか、神社の話がほとんどどこにも出てこないのも気になりました。神社が中心のはずなので、少し不思議な感じがしました。神社に対して何か考えがあれば言って欲しいのと、あと「神社境界の准え（なぞらえ）」というタイトルはどういう意味なのか、今ひとつピンとこないのですが、そこについても教えてください。

児玉 タイトルに関しましては、境界としてつくるのですが、完全に分けてしまうものではないよという意味で、准えという形、塀に例えるような意味合いで「准え」という名前を用いています。

松田(達) それは、塀を何に准えるのですか？ 必ず目的もありますよね？

児玉 従来考えられる塀というものに関しましては、分ける意味合いが強いと思うのですが、それを神籬（ひもろぎ）みたいな形、本当に空間を意識させる程度のものを想定して、准えという形を取っています。

松田(達) 要するに塀を他のものに、神籬的なものに准えたということですね？

児玉 はい。

林野 遠西さん、見つかりましたか？ なさそうでしたら、いったん諦めさせてください。

遠西 次へお願いします。

林野 はい、そうしましたら、両方の先生方の点を見ますと、同じ点を入れている方がいらっしゃらないので判断が非常に難しいところなのですが、審査員長の腰原先生が5点満点を「酒蔵」に入れていらっしゃいます。

腰原 逆に、パースを見つけてくれたらかなと思ったのですが、先ほどの期待値を込めてというのは、この質問で何か巻き返してくれるかなと期待していたので、少し出てこなかったのでいいです。

塚本 「神社」は単純な線状の空間で単一架構でできていますが、もう少し建築のつくり方に提案があっていい。吊り構造の屋根は、柱を地面からキャンチレバーにしなければいけないから柱を細くできない。築地塀から土塀になって、そのあとは神輿蔵みたいなものになって、ショップになってという変遷ですよね。この次に来るものは建築的な意味、もっと物質的な意味を持っていないとダメです。たとえば築地塀がもう一回部分的に入ってきてもいいし、瓦を乗せた部分が出てきてもいい。土塀に瓦が乗っている姿は立派な建築だよね。提案からは塀への愛があまり感じられないですね。

次に来るものは建築的な、
もっと物質的な意味を持っていないとダメ

児玉 僕はこの塀自体のデザインというよりは、元々使われていた、交流があった場所だったのでそれを再考するものとして考えています。

塚本 そんなに愛はないと。

林野 そろそろ結論付けていきたいと思います。

塚本 私は「酒蔵」の方がいいと思います。

腰原 では戻って、審査員長権限で私の点数の高い方にしますか。

林野 はい、では審査員長権限が発令されましたので「酒蔵」8位、「神社」9位で決定したいと思います。おめでとうございます。

腰原 どちらも同じ問題をどう答えてくれるかというところだったと思うので、面白い議論だったと思います。

7位〜6位 「密教」に求められた機能は美しさ？ 戦後建築の歴史にアプローチした「中銀」

林野 では続きまして、7位は16点の「密教」、6位が1点差で「中銀」、そして5位が2点差で「桜島」です。この3つに関して5、6、7位を決めていきたいと思いますが、いかがでしょうか？

腰原 いいんじゃないでしょうか。

林野 では、少し振り返ってみたいと思います。まず「密教」ですが、一番最初のプレゼンということもあって、少し消化不良の部分など積み残していたかと思います。こちらは満遍なく先生方の点を獲得して7位になっています。途中だった質問などあるかと思いますが、大日様という構法に対してどうなっているのかという質問に関して、髙木さんからご説明いただけますでしょうか？

髙木 はい、大日様に関してですが、今までの巨木を利用した伝統建築とは違って、できる限り小断面の木材を用いて設計しました。山の上に巨木を運べないというのも理由の1つですが、醍醐山に建つ新鮮な巨木を切り倒すことが密教の教えに反しているので、小さな繊細な構造でつくらなければいけない。そこで大仏様の構造を参考にして、しかし大仏様は巨木を使っていて複雑で繊細とは言いづらいので、繊細な意匠を実現するために大仏様の構造を小さな部材で変換して、構造を生み出したということが大日様に名付けているということです。

林野 先生方から何か追加の質問などございますか？

塚本 小径木ではなくて、90角と言っていたよね？ その木はこの周りにある森から来るのですか？

髙木 そうです。この醍醐山の木を使ってつくっていくという考えです。

塚本 それでも、かなりの本数を切らないといけないんじゃないの？

髙木 いえ、醍醐山自体はすごい敷地の大きさがあるので。

塚本 いや、運ぶのが大変だからということなら、すぐ隣接する森から採ってくるのかなと思いきや、そこからは切らないんだよね？

髙木 この土地の近くから採ってきます。近くというか、この上醍醐寺の木を使って。

塚本 いいところを突いていると思うのですが、これができると森はどうなるのかも知りたい。森との関係から小径木にすると言うなら、木を切ってきた森はどうなるのか、あるいは森から木材になる過程はどうなのか。全部製材しているけれど、伐採したらどこで乾かすのか、製材所はどこにあるのか、気になります。

髙木 製材所は山の下にあるんですよ。

塚本 一回持って行かなければいけないんですよね、下まで。

髙木 そうですね。

塚本 大きな木を切るのは本当にいけないんですか？

髙木 密教の空海の考えとしては、歴史の深いものに傷を付けるのは良くないという考えですね。

塚本 でも五重塔を建てることは、木の魂を未来永劫維持していくということにはならないのですか？ 傷付けるでも、消費するでもなくて、むしろ木を昇華させていくというか、木に対する敬意を最大限表明してこその五重塔なのではないんですか？

髙木 僕としてはいろいろなリサーチをしたうえで、密教に最も求められた機能みたいなものが美しさだと思っていて、その美しさを、そこにあるはずがない建築なのに土地とこの森自体と馴染むようなデザインにどうにかしようと思って、そういう意味では建築の形態として森に対するリスペクトは持っています。

「准胝塔」

髙木 駿輔
（東京都市大学大学院）

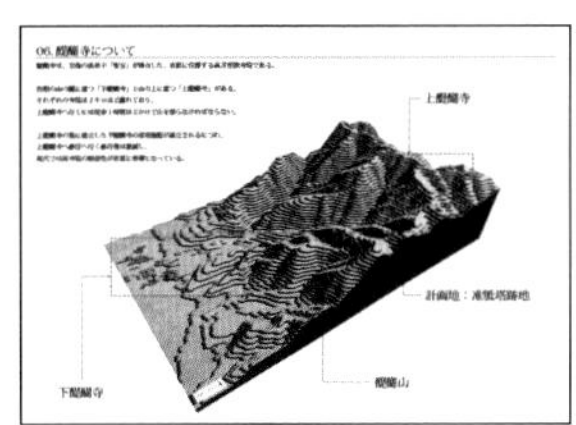

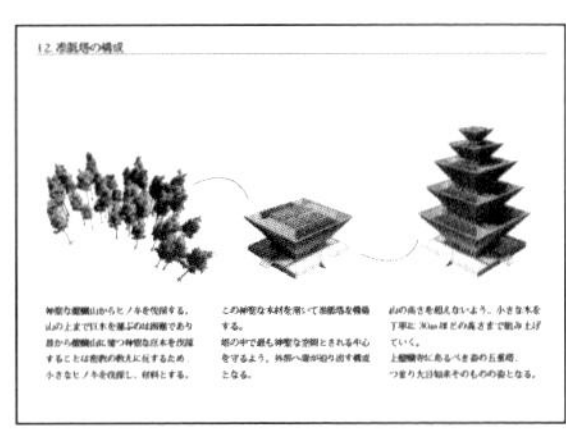

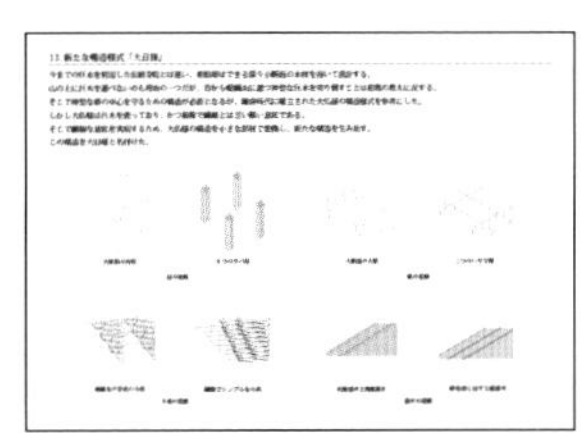

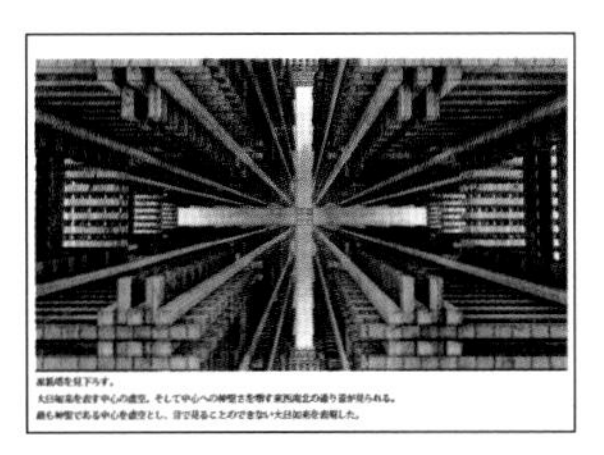

塚本 これ何mだっけ?

高木 30mありますが、山のマックスの高さを超えないように設計しています。

塚本 美しさというのが、そういう繊細さなのであれば、そんなに大きな必要あるのかな。

高木 ただそれは空海の理想だと、西側に下醍醐寺があって、という話があったと思うのですが、密教だと塔建築を西側に1つ、東側に1つと、2つあることが理想とされていて、それが今できていない状態にあります。空海の理想を実現するためには、東側の上醍醐寺に五重塔を建てることが密教としては適切なのではないかということで、ここに建てています。下醍醐寺の五重塔と同じ高さにしています。

塚本 同じ高さにすることが正しいことなの?

高木 そうですね。

宮下 これは木を継手などでつないでいくような話がありましたが、塔自体が非常に細い小径木を使っているというところにも大きな意味があるのかな? 部材ごとにメンテナンスしていったり、材料的に循環させていったりするようなことで、何百年も保つということを想定しているのか、その辺はどうでしょう?

高木 雷に対して対策があるのかという質問があったと思いますが、それは自然の災害で、密教は自然を受け入れていくという思想がすごく強いです。雷で燃えてしまうというのも建築的には良くないと思うのですが。

宮下 燃えるだけではなくて、いろいろなところが傷んできますよね。寺社仏閣などでは傷みやすい庇の部分だけ直せるように考えられていたりしますが、この構造は、そういうことがしやすいシステムになっているのかな?

高木 部材を細かく設置しているので、一つひとつ変えていくことはできると思います。

宮下 できるのかな?

松田(法) 今の話と関連してですが、この社寺林の管理は歴史的にどうなっているのですか? つまり、木は間伐されて間引かれていたのですか? 今のことでも、歴史的にでもいいですが、森はどう管理されているかご存知ですか?

高木 いちおう修行僧のような人が登ることもありますし、観光地化されていて上に登る人もいます。1時間ぐらいかけて山に登る人もいます。

腰原 樹木の管理。

松田(法) 元々間引かれているのですか?

高木 そうです。

松田(法) それは今、単に捨てられているんでしょうか。現状、間伐材はどうされていますか?

高木 醍醐寺が管理していると聞きました。

松田(法) 切ってストックしているということですか?

高木 醍醐山の敷地の管理ということですか?

腰原 木材の管理。

松田(法) この提案で小径木を使うというところは、社寺林から間引いたという感じの木を使うという案なのですよね? 現状その森林は、間引かれたりしているのですか? しているのだとすればその木はどこに行っているのでしょうか?

腰原 伐ってはいけないと言っている話と、実際には伐っているという話があったときに、伐った木はどうしているのですかという質問です。

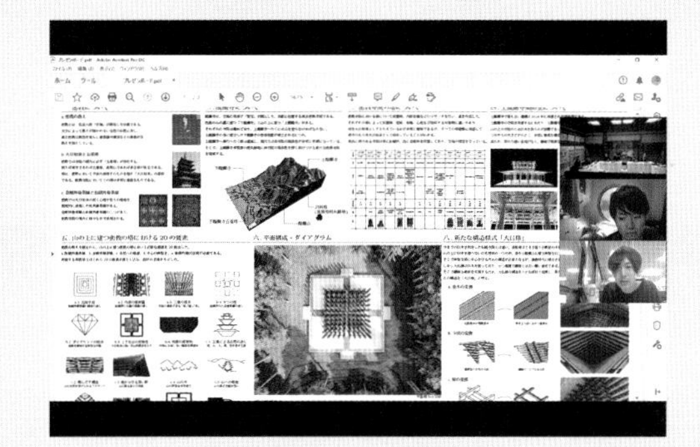

高木 下に持っていって管理していると思います。

腰原 管理というのは何ですか?

林野 高木さんが答えを持っていないような感じがするのでいったん止めます。あとでこのことだと思い至ったら言ってください。次に、1点差で6位に着けております「中銀」の竹内さんにお話を聞いていきたいと思います。ここから5点票を入れている先生が現れます。こちらに5点票を入れていらっしゃるのが、松田法子先生。何かありますか?

松田(法) 高得点を入れているから、応援コメントという立場でしゃべるんですよね? まず、歴史的空間再編コンペの最大の課題は、歴史的な都市や場に対してどう応答するのかということかと思いますが、さらに「建築」そのものに対してそれをやってきたところを高く買いました。もう1つは、中銀カプセルタワー単体だけでなく、万博記念公園という戦後建築家のメモリアルな空間もつないで物語的に案を出してきた。戦後建築の歴史には明確にアプローチしたと言えるので、そこが実は一番大きなポイントですね。

林野 竹内さんは何か言い残したことはありますか? 質疑応答では特に積み残した質問はなかったと思いますが。

竹内 先ほどの質問で、中銀らしさがファサードに表れていないという話がありましたが、僕としてはファサードにそういうものが表出するのが中銀らしさと捉えていません。この納骨堂では内部空間を体現することによって階段があるのですが、階段を徐々に登っていくことによって初めて中銀の全体像が見えるのではないか、そういう内部をある意味ファサードみたいな意味合いに構成していて、そういう意味で、中銀らしさというものを定義したいということを伝えたいです。

林野 そうしましたら、もう1つ上の方にいきたいと思います。5位に着けていますのが、2点差で「桜島」です。こちらに長谷川先生が5点票を入れています。長谷川先生コメントをいただけますか?

長谷川 歴史的空間の再編といったときに、たとえばこの中銀カプセルタワーや密教の五重塔など、誰が見ても歴史的空間であることに疑いのないものを提示して、それを再編するというのはわかりやすいとは思うのですが、このコンペのもう1つの面白さとして、「なるほどこういうものも歴史的空間と言えるんだ」という場所を見つけてくるやり方もあると思っています。去年のコンペの結果を見ても割とそちらに面白さを感じたので、期待を込めてもう一度、この「桜島」のアイデアがどう歴史的空間なのかというのを解説して欲しいと思います。

七五三掛 先ほどの質問の宿題に答えることも兼ねてお答えしたいと思うのですが、桜島の生活はものすごく特徴的で、災害に対して気を張って生活しなければいけない中で、どう灰を捨てるか、どう災害に対処するかというまちのインフラが長い間で蓄積されています。そういった今まで単に機能だったものを交流施設として蘇えらせることが、小さなまちの中で集配灰や防災といった小さな問題のネットワークが少しずつ変わっていくきっかけになるのではないかと思いました。歴史的かと言えばそうではないかもしれませんが、既存のインフラをどう花咲かせてあげるかというところで…。

宮下 そこを歴史的と言って欲しいですよ。

七五三掛 言いたいのですが、自分の中でも確かになと思うところもあります…。

塚本 ここであなたがレポートしてくれている克灰構法というもの。それで地下の水路は今もあるのですか?

七五三掛 水路というかそちらは側溝のことでして、それは完全にあります。それを克灰

「こういうものも歴史的空間だ」という場所を見つけてくるやり方もある

「灰で彩る桜島」
七五三掛 義和
（東京理科大学大学院）

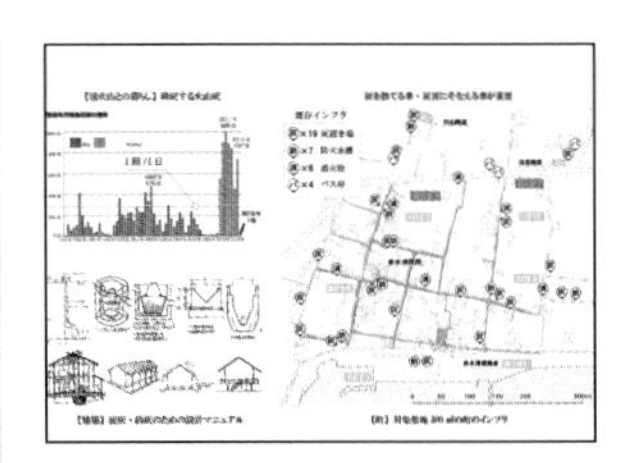
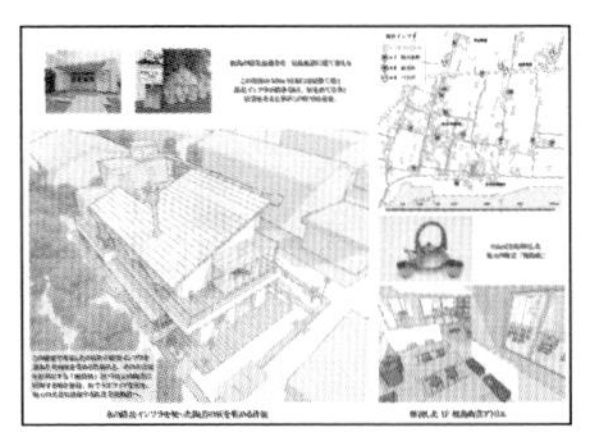
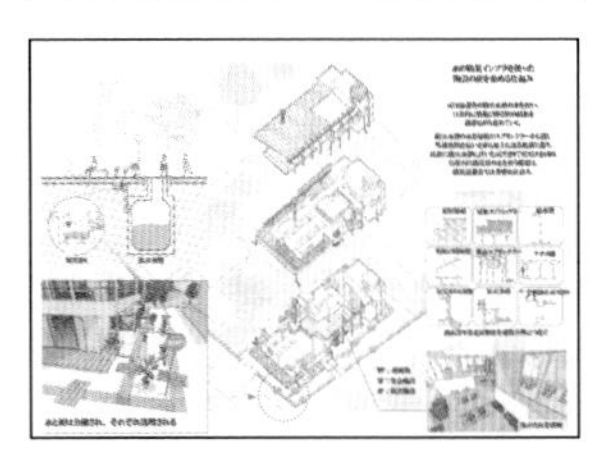
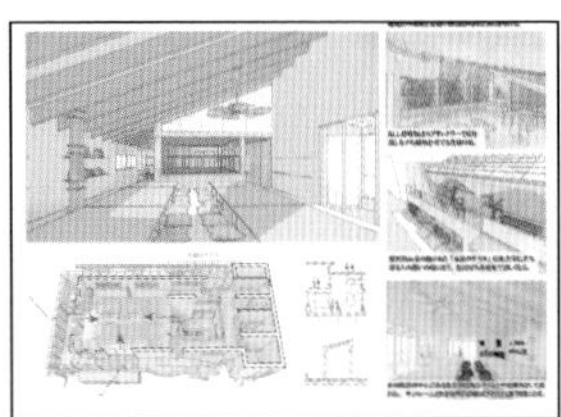
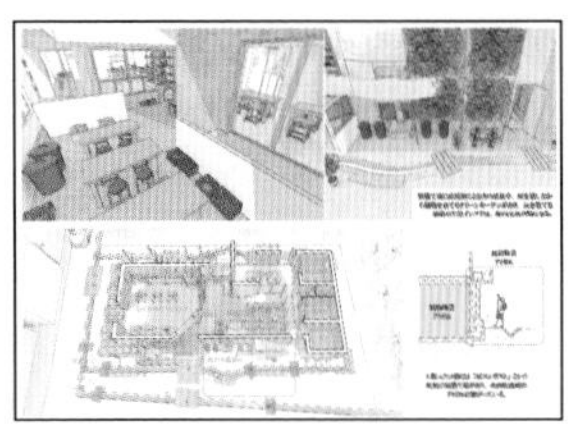

構法としてV字型、Vは底面がすごく小さいので、灰を流しやすくするような構法につくり替えていくことで、まち全体にあるという認識でお願いしたいという感じです。

塚本 これは戦後、いつぐらいからあるのかな？ たとえばV字の断面の側溝というのはいつぐらいから？

七五三掛 今、まちにある側溝は普通の側溝でして、それを僕がつくり替えようというものです。一部そういう知恵があるのだけれど、全然使われていないからまち全体でやっていってもいいのではないかなと思って、そういう風につくり替えたという設計です。

塚本 「鹿児島には克灰構法というものがあり」と書いてあるじゃないですか。だから何かあるのかなと思ったのだけど、まだないんだ。

七五三掛 一部使われているという感じです。

塚本 歴史的には、たとえばコンクリートなんかはまだ使えない時代や、つまり近代的な技術が入ってくる前はどうしていたの？

七五三掛 少しリサーチ不足で、そこはわからないです。道路の整備後の話だと思うので、実際に道路は降灰時には散水車が必ず来て、そういう道路が整備されたら事故になるので、近代的な思想の中というかインフラの中でやらなければいけないことだと思っています。

塚本 新しい地域文化、地域の条件に向き合うことによって、新しいインフラなり、建物の形式なりが出てくるというのは、ヴァナキュラーな建築とかが近代化される前に、いろいろな地域にあったこととそんなに変わらないと思うんですよ。それは前近代的な背景でないとできないということではなくて、今でも十分に起こることではないかなと思うんだよね。それをやろうとしているのだろうなと思って、私はすごく興味を持って4点も入れたのだけど。

七五三掛 好きなのでつくったというのもあります。

林野 歴史的空間という言葉に非常に七五三掛さんは正直に答えてくださっている印象があるのですが、4点も。

塚本 灰に悩まされてきたり、灰を集めて捨てなければいけないとか、灰と暮らしがずっと一緒にあるというのは歴史的、という風にも言えるのではないかな？ ただそれが今までは建築でなんとか対応するような形にはなっていなかったけれども、そこを建築で対応できるようにしていこうというのがあなたの考え方なんでしょう？

七五三掛 ストレートに言えばそうです。まちだといろいろなことを言いつつも、そういう暮らしの中で建築の形が変わればいいなととても思っています。

宮下 先ほど私が何を歴史的空間と捉えているかと聞いたのも、そこを上手く答えてくれないとなんとなく設備の説明に見えてしまうんですよね。それが本当に歴史とともにあるさまざまな暮らしや、こういう風土での生活や文化の積み重ねに対して、この建築が新しい生活風景をつくっていくという話を上手く見せて欲しかった。歴史的空間との関係性をきちんとしてくれると私ももう少しいい点数を入れたかったのですが、それを開けなくて評価が落ちてしまった。その辺をもう少し説明できるといいなと思います。

林野 そうしましたら、一通りご意見が出揃ったかなと思います。5・6・7という順位が付いておりますが、これを変えたいという方がいらっしゃらなければ、今ある順位のまま決定したいと思うのですがいかがでしょうか？

塚本 私は「日本橋」より「桜島」の方がいいと思う、正直に言って。

林野 はい、そうしますと今「桜島」が5位、「日本橋」が3位ということなのでだいぶ上の順位と関わってきます。

塚本 「桜島」はまだぼやっとしているんだけど、筋は掴んでいるのではないかなと思うんですよね。建築が何かに向き合うことによってその中から建築が出てくる。それが地域の風景や文化になっていくという、歴史的空間再編ということで言えば一番コアのところですが、そこの筋にきちんと「桜島」は乗っていると思うのだけれど、やはり「日本橋」はその筋に乗っていないと思う。

松田(達) 「桜島」の可能性をもう少し引き出すということで、次の議論に繰り越すということですよね?

塚本 そうそう。

松田(達) それでは6位と7位は決定しても…。

長谷川 「桜島」を5位にするのは少し待った方がいいのではないかということで。

塚本 7位・6位は決めてもいいけどね。

林野 わかりました。いかがでしょうか、他にもしご意見がなければ今の塚本先生のご意見を採用させていただいて、6位・7位を決定したいと思います。7位が「密教」、6位が「中銀」で決まりです。

5位〜4位 点の移動で逆転する順位 決勝に残る作品は?

林野 それでは、後半戦で1位から5位までを決めていきたいと思います。今、困っておりまして、点数順に下から決めていくと5位と4位の間の点が3・4点ありまして、上位のほうに得点がひしめき合っているという印象です。先ほど塚本先生から「桜島」が「日本橋」よりもいいのではないかというご発言がありまして、そうすると大きな地殻変動が起こってしまうということです。なぜそのように発言されたのかというところの真意を、塚本先生からご説明いただきたいと思います。

塚本 高速道路の残し方として、これはカウンタープロジェクトなので、今提案されているものに対して違う価値を見せなければいけないと思う。日本橋のところはとりあえず外して、他は残しますが、それだときついから、木で囲みますよという提案ですが、要するにショッピングモールみたいなものですよね? 一部シアターみたいなものがあるようだけれども、高速道路を変えることによってしか生まれないような新しいタイプの都市施設になっているかというと、そんなこともない。新しい価値をどこに立ち上げているのかが、「日本橋」には見えない。高速を地下化して橋や、水面にもう一度日の目を見させる現行案に勝てないと思う。

林野 「日本橋」の横畑さん、先ほども「あなたが提案したい風景はどんなものですか」という質問があったと思うのですが、今のご質問に対していかがでしょうか?

横畑 首都高ならではの価値という点では、僕は日本橋川の上に巨大な構造物が置いてあること自体に価値があると思っていて、その中で、たとえば水上バス乗り場などが日本橋の袂にあるのですが、そういったところと連携したり、都市の中にある孤島みたいに、船で入ってくるというのもとても魅力的な空間になっていると思います。高速道路の既存のインターチェンジなどから歩いて入れるということも考えていて、そういったところも他とは絶対に違う空間をつくれているのではないかなと。僕はそこに価値を見出しています。

林野 そうしましたら「日本橋」に5点票を松田達さんが入れていらっしゃいまして、コメントをいただけますでしょうか?

松田(達) これは非常に難しいですね、積極的に入れたとは明確に言えないんです。ただ、理解できなくて点数が落ちたのではなく、全体的になんとなくやっていることは理解できたので、そういう意味でここが悪いという風には感じなかったけれども、最後にコメントしたように、首都高そのものに対してどういう評価をしているのかがわからなかっ

「切断すること、
それは繋ぐこと」
横畑 佑樹
(日本大学大学院)

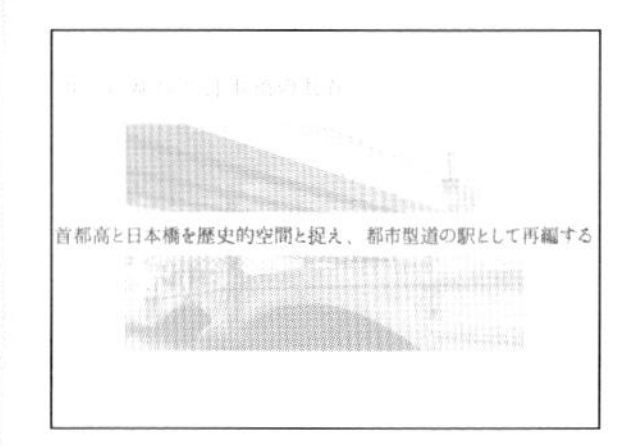

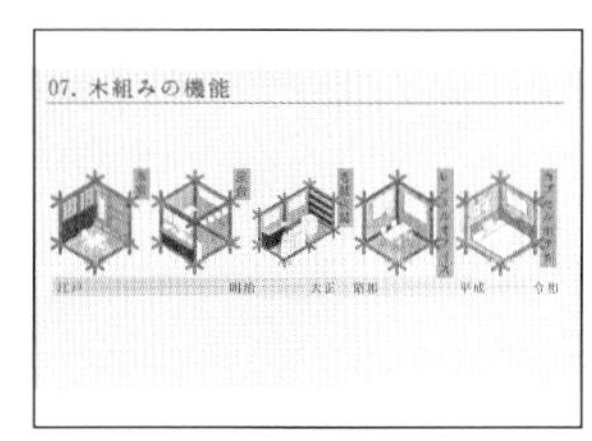

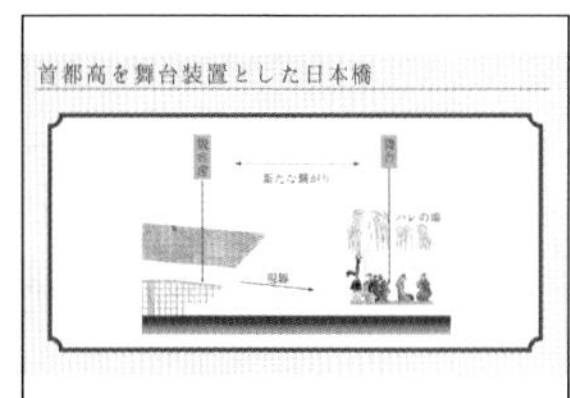

た。今の首都高を完全にそのまま取り壊すのはどうかというのであれば、首都高はもう少し評価するとか、歴史的なものとして保存するというか、存在をそのまま残してもいいところがあると思うんです。木で覆えば良いというものでもない。首都高の記憶がなくされた感じもします。話を聞いてもやはり首都高への評価がわからず、やや違和感が残るところでした。一方で、すごく丁寧にプレゼンをしていて、2枚目はよくこれだけパースをつくりましたよね。つくり込まれたパースの数が多いのにもびっくりしています。これは模型もつくっているのですか?

横畑 はい、模型もつくっています。

松田(達) だから、やはり圧倒的な作業量を元にこうした提案を行ったところは高く評価したいと思います。

林野 そうしましたら、今のご意見を踏まえつつ、5、4、3位をひとまとまりで順位を決めて、最後に2位、1位というのは「見えない壁」と「廃線」の決選という形で進めたいと思います。よろしいでしょうか?

塚本 これで決選は早いな。まずは5位を決めよう。次に4位を決める。その辺りからもう一回考えればいいでしょう。

林野 わかりました。では点数で4位になっているのが「武甲山」藤川さんの作品です。

塚本 私的には、長谷川さんも「武甲山」もどうかと思うと言っていたので、長谷川さんに「武甲山」の話をしてもらって、それで5位と4位が決まるくらいの方がいいのではないかな?

長谷川 この場所にある歴史性というのはわかるのですが、先ほどの議論の中でもあったとおり、この場所を今の状態でほぼ留めて残しておくという正当性がわからないというのが1つ。それからもう1つは、空間の形についても怪しいと思っていて、ダイナマイトでどんどん空間を掘り進めていくと言っているのに、柱梁構造の空間になっている。その構法でしかつくれない空間になると思うのですが、プレゼンテーションされている空間とつくり方が一致していないのは、やはり歴史的空間の再編として弱いと思ってしまいます。

塚本 縦シャフトというのはネガティブとして今も存在しているんですよ。それをポジティブに取り出すという計画なんです。それをダイナマイトでやるのは無理だろうと。縦シャフトは石灰岩を上から下に落とすための排出口なんですよね。それが残っているのはこの部分だけ。百年後に閉山したときに、立坑がないと遺構としての価値がなくなるので、先んじて残したいんですよ。問題は取り出し方だね。ダイナマイトでやってみたら、「あっ穴空いちゃった」ということもあるだろうね。今のダイナマイト技術だとそんなことはないのかな? 木造建築に「建て方」があるように、この場合は「崩し方」がある。たとえばどういう間隔でダイナマイトを入れ、どのぐらい残して、そのあとは手のみでやるとか、そういうつくり方の提案を含めて欲しい。山の削られ方が等高線になっているのはすごいですよね。構築物のように見えるけれど、足場をつくりながら山を削る、採取方法が結果的に生んだ形です。そういうのと同じ精神があると面白いのだけれど。

宮下 ただ、削り出された空間に見えないですよね。どちらかといえばつくったというか。

塚本 吹き付けたみたいな。

宮下 私にも吹き付けたみたいな空間に見えてくるような気がする。ただ、厚みが17mあれば大丈夫というのではなくて、必要なルールのもと削っていくと自然にこういう形状が残っていき、それが魅力的な内部空間、空洞空間として見える、みたいに表現

圧倒的な作業量を元に
提案を行ったところは高く評価したい

できているともう少し、明快なイメージになっていくのかなと思います。

塚本 石灰岩の採掘地はあくまでもサイトで、そこにこういう建築を考えますというのでは物足りない。採掘という強烈な行為と建築がどう切り結ぶのか。「石灰岩採掘の中にある建築」になれば良いと思う。

藤川 先ほどの掘っていく作業の技術という問題についてですが、現在休止中ベンチでは爆破をする際に、すぐ近くまで石を運ぶためのトラクターなどが走っていて、そういった安全面での考慮自体もかなり発展的に技術は進んでいると考えられています。実際、柱をつくり出す際に技術的に問題があるということももちろんですが、この空間自体を支えるときに、この柱だけだと少し空間として心もとないので、梁として柱から伸びる、垂直方向に伸びる梁を削り残すことでつくるようにしています。具体的にレファレンスとしては、大谷石資料館などが実際に削っていくことで生まれる大空間として存在するので、そちらを参考にしています。

塚本 大谷石資料館の中に柱は立っている? 自立した柱みたいなものはないよね?

藤川 大谷石自体はたぶんもう少し強度があると思うので、壁構造となっていました。柱はすごく太いものは存在していました。

塚本 すごい太いものが、どーんとね。つまり周りを掘っている?

藤川 そうです。

林野 「武甲山」に5点入れている松田法子先生、コメントをいただけますか?

松田(法) はい。ただ一方で、こんな風に綺麗には残らないのだろうなとは思って。

塚本 もっと汚くていいよね。

松田(法) 逆にそうだと思うんですよ。

長谷川 削りすぎちゃったよね。

松田(法) そうそう。少し綺麗にしすぎているのではないかなという気はする。とは思いながらも票を入れました。1つはまず、掴みにやられた。「毎日神を爆破している」という導入の一言、すごいですね。それに続く提案が、追悼というか鎮魂というか、そういうことへ向けたすごく暗い内部空間ですが、これをつくり出すためにはすごく時間が掛かるわけですよね。建てるのではなく掘るのだから、建築のネガポジを反転させる話です。ただ想定どおりの空間ができるまでの時間とプロセスを考えると初期設定はとても重要で、そこに強度があるかどうかが問われると思います。ところで、武甲山に対する山岳信仰の話があったのですが、ここに新しくつくられる祈りの場というのは、山岳信仰の時とは全く別物になると思います。石灰を採取するための開発対象になる以前の武甲山と、この提案で行われる山のつくりかえを、祈り、という共通項から見るなら、新しい空間で誘発されるべき祈りは何なのかということと、この提案との関係をどう説明されるかを聞きたいのですが。実はこの提案でも、武甲山問題は結局解決していないと思うのですよ。神を爆破している、という問題提起に対しては、提案でもその神聖な山を削り続けるわけなので。ただ、むしろそれでも爆破を続けるということで、そこに何らか別種の祈りの場ができるのだとしたら、それは1つ興味深い。破壊は止まらないものなのだとしたら、そうして結果的にできる空間に、現代の祈りとしてはどんな批評を込められるのか。深読みすれば武甲山の破壊は大量の建材供給のためだったというところも、建築設計コンペでそういう対象を選んだんだねというポイントかと。人間の利用のための破壊は提案内容でも解決されないのだけれど、でもそれを反転的に、どういう祈りの場にできるのか。

塚本 たとえば富岡製糸場では蚕を大量に殺しているからその魂を祀るというお社があるわけ。ならば建設従事者も必ず行かなければいけない、石灰層に対する…。

腰原 ごめんなさいという。

「石灰降る街」
藤川 凌
(早稲田大学大学院)

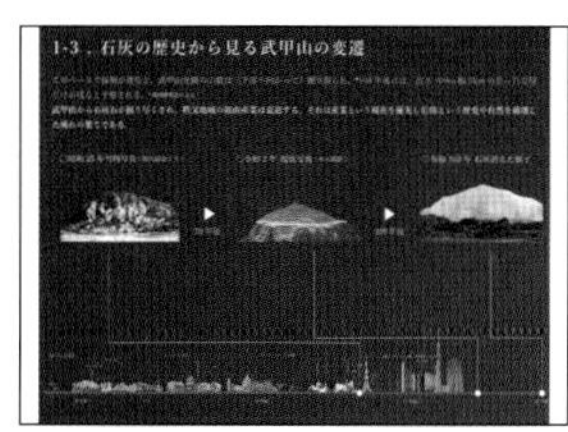

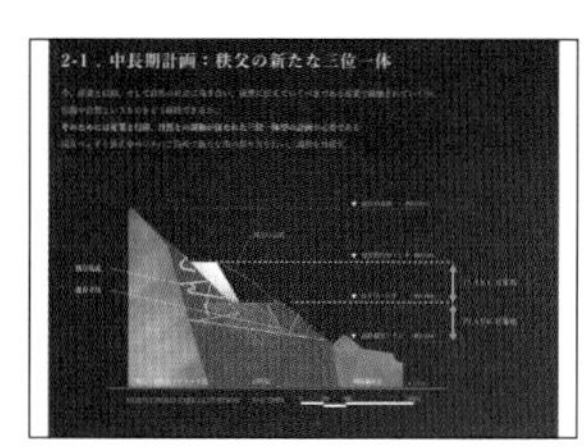

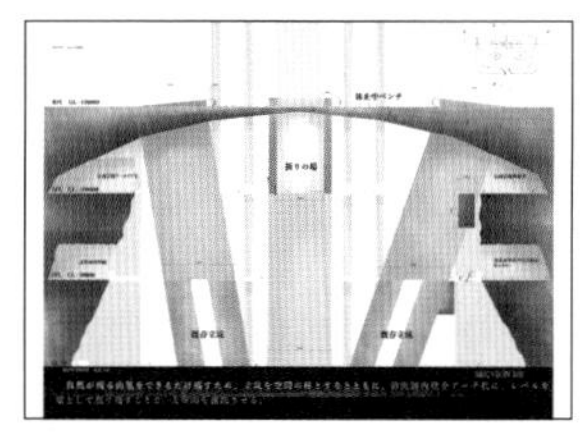

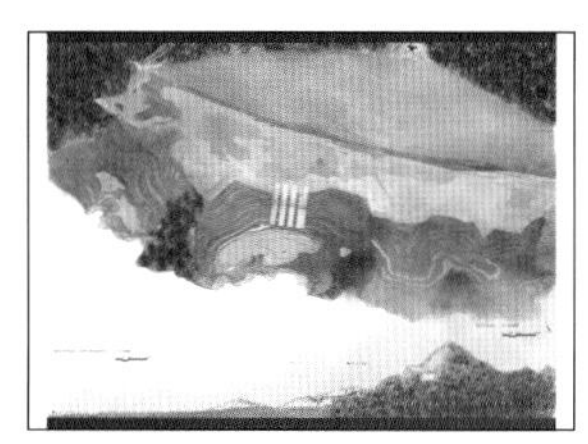

塚本 地球が何万年もかけてつくってきたこの層を蝕んでしまって本当に申し訳ないという祈りの空間になるとかね。

腰原 むしろこの背景の方が格好いい。

塚本 ここまで行ってしまった方がいい。

長谷川 それから、横穴の方がいいですよ。残された今の山のカタチを象徴化するより。

腰原 もうやり切ろうよ。

宮下 削り切ってしまった後の象徴に申し訳ない気持ちを捧げるような。

藤川 補足してもよろしいでしょうか？ 今、こうして建築や都市が建てられているのも、切り崩されている山が背景にあるからだと自分たちは考えていて、その中の歴史深い秩父の地域をもう一度見直すことはとても重要だと考えています。私たちの計画としては、武甲山を残すこと自体が秩父にとって新たな歴史的な遺産になることを計画しており、今のままだと武甲山は産業によって侵食されていく、ただの負の遺産になると思います。そういう秩父の長い歴史の中で、長瀞といった立派な観光地が残っていますが、武甲山自体はただのちっぽけな資料館としてだけしか保存継承されていなくて、ここ自体に計画していくことに私たちは絶大なる意味があると考えています。また、その神聖な祈りの場というのは、上に天井が開いているのですが、12時半に、爆破された時間になると日光が当たるという太陽の向きに合わせて計画されています。そして、そちらの空間で日の入ってきた時間に、祈りと言いましたが、塚本さんもおっしゃってくれたような贖罪の意味を表すことを表現していきたいと思っています。

宮下 ちょうど爆発時間に光が入るんですね。

腰原 絶対にそっちの方が面白い。思想を聞いてもそっちの方が。どこまで壊していいかという限界が今、後ろにあるような気がしているのだけれど、限界より早い段階で終わりにしようというのが見えてしまうのが少しもったいない。

塚本 でも面白いよ。そういう意味では。

林野 点数を振り返りますと、5位「桜島」19点、4位「武甲山」22点、3位「日本橋」23点という並びですが、それぞれ5点を入れている先生がお一方ずついらっしゃいます。2位、1位に関しては、複数名いらっしゃるということなんです。ですので、これをひっくり返したい、2位、1位の決選の方にここから持っていきたいということであれば、他の5点の方を勧誘していただいて、複数の5点票を持って決勝へ進むというようにしないと理屈が立たなくなってしまうので、もしそういうことがありましたらお願いします。

塚本 ここで入れ替えね。松田達さんの「日本橋」5点はね、たとえば「桜島」に付け替えるといったことが起こるとそれは1つの案で面白い。

腰原 逆でいいですか? 僕は「桜島」に最低点を入れているのですが、わからないのですけど、案としては面白いのだけど、これは新築の課題で出てくるのと何が違うのですか? 桜島に新しく施設をつくりましょうと言っている課題と何が違うのかわからなかったのです。

塚本 歴史的空間ではないのじゃないかと。

腰原 桜島のあのまちに交流施設をつくろうと思ったらそれなりの風土というか、歴史を調べて、こういう施設が必要だよねとつくれば、ああいう答えになる気がするけれど、新築の要望の設計と何が違うのかというのがわかりません。

長谷川 ここは反論しようよ。

林野 七五三掛さん、質問の意図はおわかりになりましたか?

七五三掛 もう一度お伺いしてもいいですか？

新築の課題と歴史的空間再編という位置付けでの課題の違いがわからない

塚本 設計製図の課題で、この敷地に何か公共施設をつくりなさいと言われて、ここは火山灰があるからそれを処理するものをつくるべきだと言って、現在のハイテク技術を使ってこんな建物をつくりましたという話とどこが違うのか。新築の依頼だったというのと、この歴史的空間の再編というものの違いを教えてください。

七五三掛 コンペとしてというものと、設計課題というか、与えられたものに回答していくものと、どう違うのかということでしょうか？

塚本 設計課題が2つあるわけ。新築でこの土地に必要なものをつくりましょうという設計課題と、そこの歴史的空間を再編しましょうという課題。でも今のこの案は、この土地に必要な公共施設をつくりましょうという課題と何が違うのか。この土地を読み込んで、今この土地に必要な建物をつくりましょうという話と、それを歴史的背景、歴史的空間の再編としてこれをつくりましょうという話と。

七五三掛 どちらも大事かなと思うのですが…。

腰原 大事とかいうのではなくて。

七五三掛 桜島のすごくキャッチーな場所で、キャッチーだからこそこういう生活だったりインフラがあるので、そこから新しいものを考えていこうとすると、そこで必要な昔に眠っている工法であったりというのが…。

林野 すみません、回答と質問がだいぶずれています。

腰原 何か良い答えがありそうだけどな。

林野 松田法子先生、助け舟を出されますか?

松田(法) というか1つ確認させて欲しいのですが、日常的に降灰があるということは、火山活動によってはもっと積もることがあるわけで。いつ被災地に転じるかわからないという地域でもあるわけですよね? そうすると、今はかなりファジーな方法で灰を集めていて、人が捨て場に持って行くだけという非常にシンプルな仕組みなのですが、設備的に精密にすればするほど、集灰システムのレジリエンス性は厳しくなっていくと思うのですよ。たとえば実際、スプリンクラーが灰で詰まったり埋もれてしまったら、みんなで屋根に登って復旧したりしなければいけないわけですよね。つまり、いずれにせよ地球は活動しているということが基本的にある中で、設備的な回答、しかもかなり電気系統を使うのですかね、そもそものライフラインが災害で止まってしまうことはあらかじめ想定されるので。提案のような仕組みを多額のお金をかけてまち中に整備したとして、でも一番稼働が必要な時にそれは停止するかもしれないということを想定されていますか?

長谷川 彼が提案していること自体はハイテクというよりも、結構ローテクだと思いますよ。水を流して上から下に灰を落としていくわけですから。もちろん設備を多少使っているけれど、そんなにそこは問題ではないのかなという風には思います。

腰原 お題として、これが単にここに敷地があって何建ててもいいよという設計課題と、歴史的空間再編という位置付けでの課題の違いがわからない。この地域は火山灰で困っているから、火山灰で困っている問題を処理する施設をつくろうという課題との違い。

宮下 これは最も大事な、重要な質問のような気がします。

腰原 ここで上手い答えがあると納得するんだけど。設計自体はいいんだけどね。

宮下 そうなんですよ。たぶん皆さんそこに引っかかっているのではないですか。

林野 最後の機会にしたいと思います。その点について七五三掛さん、いかがでしょう?

七五三掛 今の手札でそれに答えられるものは持っていないんです。でも、建築が好きなので設計がめちゃくちゃしたくて、コンペに出そうと思いました。

腰原 それはわかるけれど、だからそう見えてしまうから。

松田(達) 塚本先生が4点と5点を入れ替えると、理屈では複数票にはなるんですよね、5点が。

林野 上に入れている点数ですかね?

塚本 なるほどね。「廃線」をね。

松田(達) 「見えない壁」でも、「廃線」でも。

塚本 「廃線」5点と「桜島」を入れ替えるのはあるね。

長谷川 それでどうなります?

塚本 そうすると、複数の5点票があるというのは。

腰原 違うらしい。1つの5じゃない?

塚本 そうしよう。悩んでいたところですが、議論してきたからわかってきた。

長谷川 今の回答を聞いても5点にします?

塚本 使っているエレメントは何ら珍しいものではない。勾配や樋の単純な原理の中で、側溝が一部深くなって、流れの底に灰が貯まる。エレメントがこれまでずっとやってきたことを組み合わせていると考えればいいのではないかな。屋根も雨樋も昔からあるという意味では歴史的ですが、解像度を変えて、繰り返しなされてきたものの振る舞いの中に入っていくことによって、桜島スペシフィックな配慮を重ねて、組み替えを行うだけでこうなると。それが年間を通して使われ、地域の文化になっていくなら、歴史的と言えるのではないかな。

林野 逆に伺いますが、長谷川先生、今の回答を聞かれても「桜島」の5点は変えないですか? 他の先生方も今の質疑応答を聞いて、「桜島」だけではないのですけれど、点の移動はありますでしょうか?

長谷川 このあとのプレゼンテーションを聞いて移動というのはあるかもしれませんが、「日本橋」や「武甲山」に移動というのはない。

林野 はい。他の先生方はいかがでしょう? では、塚本先生は「廃線」と「桜島」の点数を入れ替える。

塚本 入れ替えさせていただきます。

林野 ということで、複数票5点を入れているもので決選とします。

松田(達) 入れ替えるんですね?

林野 はい。4位、5位がこのまま順当に決定しますと、5位が「武甲山」、4位が「日本橋」に決まるかと思いますが、いかがでしょうか? では決定します。

塚本 少し待って、5位が「武甲山」? それは引っかかるな。「日本橋」が5位だよね?

林野 1点差ではありますが。

塚本 いや、同じではないな。

林野 「日本橋」を上に評価しているのは松田達先生、宮下先生、あとは長谷川先生です。

長谷川 確かに「武甲山」は先ほど説明を聞いてわかったところもあったので、「日本橋」と「武甲山」を入れ替ます。

林野 入れ替えますか? そうすると逆転しますが。

長谷川 はい。そうですね、逆転。

林野 では入れ替えてください。そうすると「武甲山」が4位、「日本橋」が5位ということになりますが、決定してよろしいでしょうか?

塚本 いいと思います。

林野 はい、では決定したいと思います。

3位~1位 歴史的空間の再編というテーマに立ち戻る 決選投票でグランプリ決定!

林野 では、残すところあと3作品です。残っていますのが「桜島」、「廃線」、そして「見えない壁」で、複数の5点票を獲得した作品ということになります。では「桜島」に関してはこれまで質疑応答をしましたので、残り2作品について議論を深めていきたいと思います。まず「廃線」ですね。これは動くエレメントの動き方、1日に2回くらい動かすよという話はあったのですが、本当にそれで役割が果たせるのだろうかということに質問が集中していたかと思います。その辺りについていかがでしょうか?

渡邉 役割が果たせるかどうかというところについて、もう一度詳しく質問していただいてもいいですか?

塚本 私はあまり質問しなかったのですが、今してもいいですか? これは変な提案なので、どんなルールを外すとこうなるのかを説明して欲しいです。どこを外したらここまでいけるのか。「どうやったらこれが成立するのか」ではなくてね。

渡邉 敷地に行ったときにまず、東京の下町の中で廃線だけが不自然なくらいにまちから虐げられているところを見て、すごく何かもったいないなさみたいなものを感じました。仮にそれを整備するという話が持ち上がったとしても、多分その廃線はなくされてしまうのだろうなと僕たちは考えて、廃線をどうにかしてこのまちに残せないか、まちの遺産にできないかと考えて設計し始めました。実際に廃線に建築を建てるというところで考え始めたときに、廃線があるこのまちで生きていくとはどういうことなのかというところを考えて、設計を進めていきました。僕自身、このコンペに3年生のときから出展しているのですが、本当に難しくて、何が本当に歴史的なのかや、残すことが正解なのかといったことを考える中で、今回の設計では空間的に都市的に、歴史的空間再編という視準で見ても、新しいものがつくれるポテンシャルがこの敷地にはあるのではないかと信じてやってきました。そのため、再編という一番強いコンテクスト、歴史的再編の価値のあるものから設計を進めていったので、こういうヘンテコなものになったというのはあります。

腰原 僕が思ったのは、今でも東京も東横線の跡といった、いろいろなところで線路がなくなって地下化されて、残ったところはみんな細長い土地になって、なぜ細長い建物ができているのか。細長いと言ってもレールを残して細長い建物をつくれないから、レールをなくしてギリギリの細長い建物をつくっている場所ですよ。これはレールを残しながら細長い建物をつくる。それが先ほどの質問だったのだけれど、その両脇にある細い建物でも十分機能するんだというところが見えると、何か線路を残す意味というのがあるんだけど。普通だと線路を残してしまうと両脇に狭い建物しかつくれないから、やはり機能しないから、どちらかだよねという選択肢だと思います。

宮下 私がこれに5点入れた理由は、軌道という非常に長い線的な不動産があることによって、大きなものが安全に動けるということをこの地域の歴史から再解釈している点です。かつては電車が動いていたが、それがなくなったことによって、違うものが動かせるようになったということが私は歴史的空間だと思っています。そうすると不動産と動産が、軌道上でジョイントすることによって新しい空間や社会的な価値が生まれるということを言っているのだろうなと。それがパブリックとプライベート、もしくは公共と

「エレメントが動く時」

渡邉 康介
(日本大学大学院)

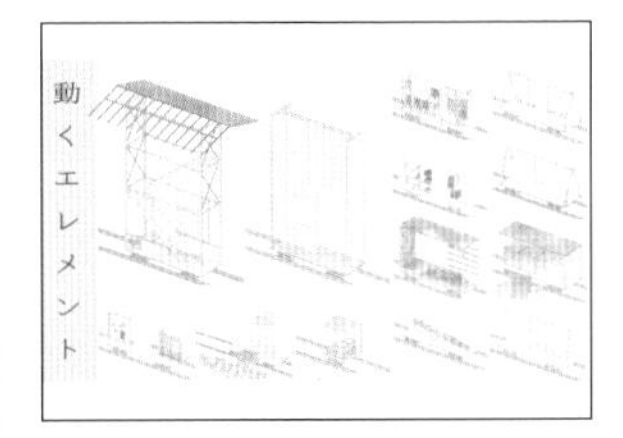

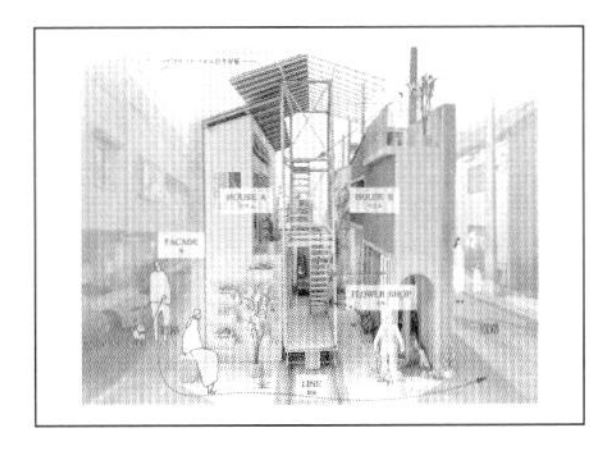

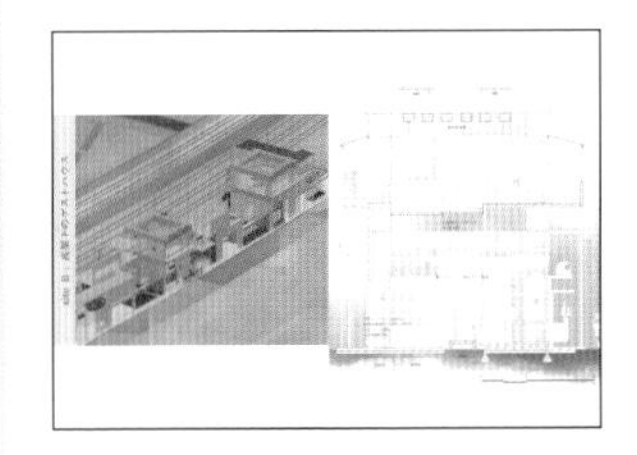

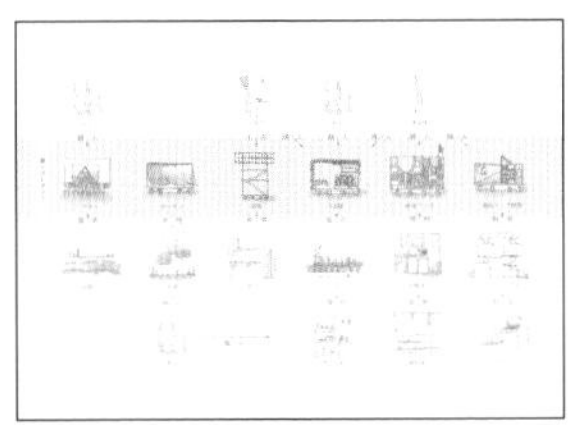

公共と自分の自由空間が、
時間などによって切り変わる面白さが生まれてくる

自分の自由空間というものが、時間などによって切り変わることの面白さが生まれてくるのかなと。まちの中で使われなくなった軌道空間を、動かすものの考え方を変えることで新しい価値を持つということを言っている。それを歴史的空間再編として読んでいるのかなという風に思って5点票を入れました。

渡邉 本当にその理解で合っていて、それこそがやりたかったことです。

宮下 合っていた? ありがとう。

渡邉 建築を建てる敷地としてはすごく細長くて、長いことによって外側の、その他の建てる場所ではない地域と触れ合う面積が広くなってくる中で、ランドスケープや公園、商業空間といった住む場所としての公共性みたいなものが、この細長い敷地で入り混じって、この廃線が豊かになっていくことによって、周りの地域も良くしていく動脈になっていくといいなと思いながら設計をしました。それが、歴史的な空間の再編になるのではないかと考えています。

林野 一度最初の塚本先生の質問に戻りたいと思います。塚本先生がおっしゃっていたことを私なりにまとめると、普段皆さんがつくっている建築というのは、非常にいろいろなルールに縛られてつまらなくなっているものを、皆さんの設計が何かを切り捨てることによって、こんなに新しい空間、面白い空間ができる。では、その捨てた何かは何なのかということを明確にしてくれれば、私たちが普段本物の触れ合ってきた建物の中で失っている、制約によって失っているものが逆に明らかになるのではないかな、という質問だったのではと思うのですが、その点に関しては何か答えられますか?

宮下 何をルール上から外したのですか?

林野 いろいろな言い方ができると思いますが、自分たちがこれだと言いたいものはありますか?

渡邉 最初は住宅から考え始めて、この廃線のすごく細長い場所に、人が住む場所で、しかも豊かな場所をどうつくろうかと考え始めました。線路のポテンシャルを活かして、何かが細い線上の敷地を動いていくという要素を残したまま、どうやって豊かに生活しようかということを考えて、どんどんスタディしていくと、だんだんと普通の住宅からかけ離れていきました。動くことをもっと豊かに建築に取り入れるにはどうしたらいいのだろうと考えていくと、動くエレメントがどんどん出てきました。普通の四角い敷地があって、そこに目いっぱい建築を建てて、構造をしっかりとして、地についた建築として成り立つというよりは、本当に生活ができるのか怪しいレベルですけれど、それぐらいの面積を切り捨てて、屋根や壁が一部なくてもいい、本当に建築として成り立っているのか怪しいところまで切り捨ててしまうけれど、外から建築のようなものが代わる代わる来て補填されることによって、全体として初めて完全な建築として機能する。そういったことが廃線全体で起きるようになったことが、自分としてはこの作品が全体として面白い建築になったという感覚があります。

林野 それでは、皆さん高評価なのですが、逆に低い評価をしている松田法子先生に、どんなことが足りなかったのかを少しお聞かせいただけたらと思います。

松田(法) だいたいここまでで情報は伝わってきたように感じたのですが、線路の両側だけの帯状のゾーンが豊かになることで、さらにどう周りが豊かになるのかがよくわからなくて。線路横の帯状のゾーンを越えて、もっと周辺の街区に、線路から都市的に染み出していく何かがつくれるのかどうかというところですかね。

林野 低いとは言えないですけれども3点入れていらっしゃる長谷川先生、コメントいただけますか?

長谷川 説明を聞いているうちにだんだんプロジェクトのことがわかってきたところはあるのですが、元々乗り物が走っていたわけじゃないですか、線路って。廃線利用するにせよ、その上を走らせるエレメントが階段など少しスケールの設定が小さすぎるという気もします。建築と乗り物の間、あるいはそれがハイブリッドしたような不思議なものができる可能性があったと思うのですが、意外と建築らしくなってしまった。

塚本 何か入れ替えの仕組みというのはやはりないの？ 少しよけて、また先に行かせてまた入ってくるような。

渡邉 あります。

塚本 上に持ち上げて通してまた降ろすとか？ それはどこなの？

渡邉 線路に元々枝分かれしている部分や、そういう部分での入れ替えを主に考えているというのはあります。先ほどのスケールの話に関しては、もっと大きいものを最初は設定していたのですが、敷地の性質上、高架下の梁をくぐらなければいけないなどいろいろな制約の中で、スケールに対しては自分たちも制約を決めていき、できる大きさの中で大小さまざまな緩急を付けてつくっていきました。屋根は結構遊んでいるので、外側まではみ出したりしているのですが、エレメント自体も最初に仮に提示しているものなので、おそらく住民とのコミュニケーションの中でどんどん中身も変わっていくでしょうし、もっとたくさん種類も増えていくのではないかなと予感しています。

◆　◆　◆　◆　◆

林野 一度ここで「廃線」は終わりにしまして、最後の「見えない壁」に移りたいと思います。では、低い点を付けていらっしゃる松田法子先生に、3点なのでそんなに低くはないのですが、コメントいただけますか？

松田(法) 質問を兼ねてという感じなのですが、非常に長い、地下廊下というのですかね、これがジグザグに反復していくのですけれど、この通路はどういう場になるのですか？ つまり、方向は転換するけれど、同じ幅の廊下が、何パターンかの長さと方角で切り替わりながら続いて似たような感じの反復的空間になってしまうのか。その長い導線のことをもう少し補足していただけないでしょうか？

原田 全体模型で説明すると、まずこの隔離壁は、元々高さが2mで設計されていたもので、地上から2m出られるようにあって、そこに開口の窓が開いていて、ここが追悼の壁になっています。同じような空間体験の反復になってしまうのではないか、という点ですが、隔離壁に対する谷の幅員を患者側と一般側で変えています。幅員を変えるというのは、ハンセン病に関しまして、隔離するための法律がいくつかあるのですが、その隔離度に応じて、ここはすごく隔離度が高いためとても狭い空間になっていて、だんだんその狭い空間が広くなっていくという、平面的な空間の移り変わりと、この地下通路を谷に出たときの深さを体験する、断面的な空間の体験によって反復的な空間体験ではなくハンセン病を…。

宮下 松田法子先生が聞かれているのは、その点線の方のことだと思います。真ん中を出た瞬間にいろいろな体験があることはわかるけれど、点線のところにずっと通路がある訳ですよね？ ジグザクの点線の通路というのは、ずっと同じような通路がつながっているのかというのを聞いているのだと思います。多分質問の答えが違うと思います。

原田 点線になっている部分は、このように地下通路がずっと続いていて、ここは確かに均一的な空間になっています。

塚本 窓の大きさが全部違うと言うけれど、これは何か決め方があるのですか？

原田 全部違うようにつくったというのが答えになります。ハンセン病患者たちは偽名を使うなど、自分を隠して生活していたことから、もっと自分の個性みたいなものを表現したいと思って、全て違う大きさで開けていて、それぞれどのように開けたという

「見えない壁をこえて」
原田 秀太郎
（早稲田大学大学院）

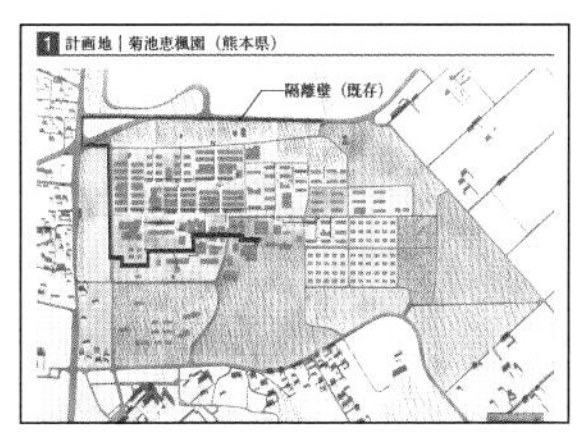

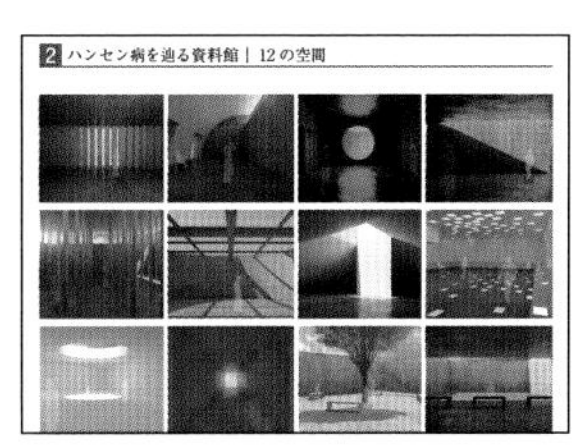

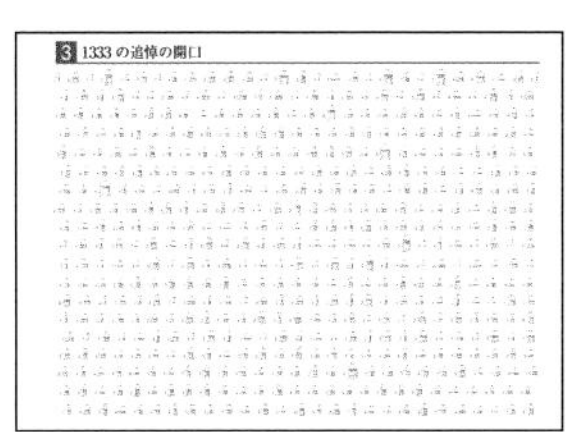

歴史を建築で切り裂く力みたいなものは、提案のどこに込められているか

よりも、全て違う大きさであることに意味があると考えています。

松田(達) 単純に聞きたいのですが、空に向かって伸びるスロープというところはどこにあって、この意味は何ですか？ 一番右端のところでいいのですか？

原田 はい。その隔離壁の最後に、今は2020年ですが、まだ入所者数は180人ほどいまして、現在ではグランドレベル０人までは達していないのですけれど、今後入所者数が０人になる先を超えてスロープがさらに伸びていくことで、隔離施設という悲惨な記憶や患者さんの痛みを超えた、差別偏見の壁を超える未来を示したスロープとしています。

松田(達) 数字でいうとマイナスではないのですが、要するに0になったその先を示しているということですね？

原田 はい。過去の出来事を建築にするだけではなくて、設計者である僕が未来を示すということを考えました。

塚本 ダニエル・リベスキンドがジューイッシュミュージアムで、線を使った造形を提案していましたが、参考にしましたか？

原田 ジューイッシュミュージアムなどをすごい読み込んで、どういう風な構成をやっているのかをリサーチというか勉強しながら設計しました。

塚本 ハンセン病患者を隔離した恵楓園をサイトに、どの辺りで建築になる感じになったのですか？

原田 広島の平和記念公園でもそうなんですけど、何かしら軸というのが取られているというのはすごく意識して設計しました。

宮下 最後に上がってくるまでは、基本的に地上レベルには人は全く歩いていないというイメージなのかな？ グランドレベルには、建物が残っていた気配があるというところだけで、そこ自体に人は実際ほとんど出ないのですよね？

原田 それは全体計画の話になってしまうのですが、先ほど述べたようにまず隔離壁を復元することが１つ目。２つ目に施設跡を土地に刻むということで、冬になったら施設をパターンとして残すこと。３つ目に患者動線を辿るということですが、患者や職員が利用されていたコリドーだけを残すことで、このように抽象的な場が生まれるのですが、ここは公園のようなオープンスペースとして開放することを考えています。

宮下 人がそこには入ってくるの？ その周りのところとかは？

原田 周りは木々に囲まれていて、一部は隔離壁に囲まれているような、隔離という空間だったのですが、全体計画の３つの計画によって、抽象的になることでこの場が守られた空間になること、守られた安らぎの場のような公園として考えています。

松田(法) 歴史的空間の再編、という大テーマに立ち戻って考えたいのですが、歴史には、継承「されたい」歴史、あるいは隠蔽「されたい」歴史、もしくはいずれでも「されようとする」歴史など、自ずからあるいは意図的な歴史の持続という面と、自ずからあるいは意図的な歴史の断絶や断裂というものがあると思います。ハンセン病には確実に、隠されるという歴史段階があった。それは患者と家族にとっては、個人史の、生活や社会との断裂そのものですよね。それが強要された。そういう施設だという史実があったうえで、設計提案によってその歴史の傷を切り裂いていく。この場には、大きくはそういう力が必要だと思うのですね。メモリアルなだけではなく、歴史を切開すること。そのときに、先ほど質問したジグザグの動線に話は戻るのですが、この地下廊下は施設の壁体の内外を出入りしていて、隔てられていた領域を行き来してはいるのですが、どうもそのジグザグ自体が自己に閉じている気配がある。歴史を建築で切り裂くという、そう

いう力みたいなものは、提案のどこに込められているかというのが少し大きい質問です。その辺はいかがでしょう? つまり近現代に人間がつくり出した負の歴史事象に対峙する建築としては、先ほども出たベルリン・ユダヤ博物館という著名かつ明らかな先行作品があるわけですが、学生コンペではあっても、先行作品に対してさらに応答していこうとしたら、何をすればいいのでしょう。

原田 痛みみたいなものを表現していく中で、この大きな谷が敷地全体に刻まれた大きな傷跡のような感じで、それがさらに先ほど述べたようにスロープによって伸びていくことで、患者の記憶や痛みが歴史になると思います。それが詰まっている象徴でもある隔離壁を核に、ランドスケープのような建築を考えることで歴史的空間を再編していきながら、未来を示すような建築を考えています。回答になっているかわかりませんが。

林野 かなり難しい話になってきたのではないかという印象ですが、そろそろまとめに入っていきたいと思います。質疑応答も深まりましたので、よろしければこの辺りで私はこれを今年のグランプリに推したい、いやこの作品はこの順位がいいのではないか、といった大枠のご意見を伺っていきたいと思います。いかがでしょうか?

塚本 いいんじゃないですか?

林野 では決選に行きたいと思います。最後に学生さんの中でどうしてもこれだけ言わせて欲しいということがありましたら、手短に機会を設けたいと思います。ありますでしょうか?

原田 先ほど言われたように、ジグザグの通路がどのような意味を成すのかといった話ですが、大きな谷としての傷跡みたいなものを縫っていくような意味も込めています。

林野 他はよろしいですか? では決選投票を挙手で行いたいと思います。審査員の皆様方には大変申し訳ないのですが、一度目を瞑っていただきまして、これこそがグランプリだというものに挙手いただきたいと思います。その前に先生方からこれだけは言っておきたいということがございましたら手短に伺いたいと思うのですが、よろしいですか? では投票したいと思います。目を瞑ってください。今年のグランプリ、「桜島」を推す方、挙手をお願いします。「廃線」を推す方お願いします。では、「見えない壁」を推す方お願いします。はい、ありがとうございました。

塚本 シャッター音でなんとなくわかるね。

長谷川 「桜島」のときは鳴らなかったのに。

林野 今の投票で順位が決定いたしました。まず、3位が「桜島」です。そして2位が「廃線」です。今年度のグランプリは「見えない壁」に決定いたしました。ちなみに先生方に明かしますと、「見えない壁」が5票獲得、「廃線」が1票獲得ということでございました。大変長い間いろいろありましたが、お付き合いいただきありがとうございました。

▶ 最終結果

順位	出展ID	出展者	作品名
グランプリ	KSGP20177	原田秀太郎(早稲田大学大学院)	見えない壁をこえて
準グランプリ	KSGP20102	渡邉康介(日本大学大学院)	エレメントが動く時
3位	KSGP20066	七五三掛義和(東京理科大学大学院)	灰で彩る桜島
4位	KSGP20133	藤川 凌(早稲田大学大学院)	石灰降る街
5位	KSGP20142	横畑佑樹(日本大学大学院)	切断すること、それは繋ぐこと
6位	KSGP20191	竹内一輝(東京藝術大学大学院)	寂滅の新陳代謝
7位	KSGP20009	髙木駿輔(東京都市大学大学院)	准胝塔
8位	KSGP20010	遠西裕也(東京都市大学大学院)	積層する歴史
9位	KSGP20179	児玉祐樹(名古屋大学大学院)	神社境界の准え
10位	KSGP20026	吉本大樹(近畿大学大学院)	家をほどき、水をむすぶ

※ KSGP20009 髙木駿輔さん(東京都市大学大学院)「准胝塔」は、諸事情により本書への掲載はございません

本審査 総評

曲芸を目指すのであれば、それを補う何かを示さなければならない

腰原 幹雄

それぞれの提案が、歴史的空間の再編という課題に対して、土地を含めた歴史的空間のストックについてよく調査を行い、それを空間に結びつけていたと思う。しかし、ものとの対峙が少ないように感じた。歴史的空間には、その時間を刻んだ材料や技術も含まれているはずである。同じ材料でも、技術が未熟な時代の使い方と技術が進歩した工学的評価が可能になった現在の使い方は異なるだろう。過去の経験的に積み上げられてきた技術と工学的に積み上げられてきた技術では、その価値基準も異なる。どちらが正しいということではなく、過去から通じる空間に応じて評価の仕方を変えても良いはずである。木、石、土、煉瓦などの素材の材質感はもちろん、構造体としての材料に応じた量感に対して、素直に自然体でいくのか曲芸的に意識的に違和感を持たせるのか。これは、従来の価値観と現在の価値観との再編を意味する。説得力のある再編のためには、曲芸を目指すとしても自然体としてのそれぞれの材料、構法に応じた断面寸法の感覚を鍛えておく必要がある。曲芸を目指すのであれば、それを補う何かを示さなければならない。

同様に、構造計画において過去の建築に不足している技術を補う際に、現在再評価された当時の技術を改良したものを用いて馴染ませるのか、現在の最先端の技術を大胆に挿入するのか。どちらにしても、本来の構造計画を正しく理解し、部分的な解決(たとえば、地震力に対する一方向のみの解決)だけでなく鉛直荷重、地震力、風、耐久性といった全体計画との関係性が示されないと、弱点が目立ってしまう。

こうした知識や技術をなんとなくではなく正しく学ぶことにより、それぞれの提案は、より現実味を帯び、説得力とともに迫力のあるものとなるはずである。今後、こうした技術的な意識も高めていくことを期待したい。

歴史を再解釈し、語ることの豊かさを改めて実感

長谷川 豪

このコンペの面白さは、とにかく応募者それぞれが見つけてくる「歴史的空間」から話が始まるところだろう。自分も全く知らなかった全国の「歴史的空間」の存在を知ることができたり、こういうものも「歴史的空間」として解釈できるのかと驚かされたり、審査する側にとってもこれだけ学びの多いコンペは他にあまりないのではないだろうか。アイデアの瞬発力を競わせるような学生コンペとは一線を画す、思考の深さを求める地に足のついたコンペだったから、歴史を再解釈し、語ることの豊かさを改めて実感させる充実した審査となった。

「灰で彩る桜島」は、鹿児島に伝わる克灰構法という地域の知恵を使いながら、降灰を[克服]するのではなく、降灰と島民の暮らしの[共存]を目指す計画で、歴史的空間の再編として十分評価できるように思われた。だからこそ歴史に対する肝心の設計者本人の説明が最後まで曖昧だったことが悔やまれる。

「エレメントが動く時」は、さまざまなエレメントが廃線の上を走り回って空間が入れ替わっていく楽しい計画だ。しかし、エレメントが家具的なスケールで計画されていたために全体的にインスタレーション的というか、舞台装置のようなものになってしまったのが惜しい。線路の上を走るというユニークな設計条件から、見たことのない風景を生み出せていたらなお良かった。

見事グランプリを受賞した「見えない壁をこえて」は、二次審査のパネル審査では見落としていたのだが、ファイナルプレゼンテーションでの質疑応答で設計者の説明を聞けば聞くほど思考の深さを知ることができた。計画地に存在する「あつい壁」と呼ばれた隔離壁、ハンセン病の差別偏見の壁、忘れ去られていく時間という壁といったように、フィジカル、メタフィジカルに[壁]の意味を重ねていく力作だった。

「歴史的空間」とは、考えるほどにチャレンジングなテーマ

松田 法子

パースなど、雰囲気のあるパネル表現が上手い作品が多くて、感心しました。「歴史的空間」の読み解き方にもヴァリエーションを感じました。自分なりに歴史とみなしたことの解釈に一定の奥行きを与えた上で、未来、つまり未達の歴史に向けた妥当性を持つ解を引き出すための、格闘の痕跡が感じられる作品もあったと思います。

さて、このコンペ最大のお題である「歴史的空間」とは、何でしょうか。

まず、歴史は、川の水のようにどんどんと一様に流れていくわけではありません。時間と歴史はその点で違っています。そして全ての歴史とはあくまで、いま・ここの時点から過去を眺めたとき捉えうるものであり、なおかつその探究と記述法のことなのです。

歴史的事物には、発生してから今日まであまり変化せずに持続してきたもの、変化したもの、消滅したもの、復古・再生されたものなどがあります。実際の場所には、時間と事物のこのような関係が、複雑に張り巡らされています。そのネットワークのどこかを恣意的・編集的に切り取ったものと、その積層が、言わば歴史なのです。

当日は、歴史的空間にどんな多様性を捉え、また与えうるのかということについて話してみました。生物多様性“Biodiversity”が目指されるように、空間、建築、都市には当たり前に「歴史的多様性“Historicaldiversity”」が目指されることを願います。

「歴史的空間」とは、考えるほどにチャレンジングなテーマです。

対象が時間・空間・社会などに対して持つ諸関係の、どこからどこまでを捉え、建築で応答するのか。

自らの課題設定が持つ問いの射程へと深く降り立った力作が生み出されることに、心から期待を寄せています。

歴史的空間再編コンペティションにも、大きな課題が突きつけられている

塚本 由晴

疫病のインパクトが、社会に変革を及ぼすのは歴史が伝えるところです。ペストなどの度重なる疫病に抵抗することなしに、現代の公衆衛生の概念も、上下水道の発達もありません。結核は呼吸器の障害を伴うため都会の汚れた空気が原因であるとされ、患者を清浄な空気や太陽の下で療養させる転地療法が勧められた結果、海辺や山中に建つサナトリウムを生みました。そこでは大きなバルコニーや光溢れる窓、白衣のような白といった、近代建築の特徴が大いに活用されました。建築空間がこれほど医療的だったのは、ワクチンや特効薬が開発されるまでは感染経路を断ちつつ自然な治癒を促すほかに方法がないからです。この方法は非医療的介入(Non Pharmaceutical Intervention：NPI)と呼ばれます。従って結核菌が特定されペニシリンが開発され、結核が克服されるとサナトリウムはいったん必要性を失いまし

た。一時期は空き家になったものでも建築的に優れたものは、富裕層向けの医療サービス付きホテルや、リゾートホテルに改修され現在も利用されています。実はコロナ禍における、現在までの都市封鎖、外出自粛要請などは、NPIのさまざまな形と言えます。今後ワクチン投与が始まり人々がコロナウイルスに対する免疫を獲得していけば、都市封鎖をする必要はなくなるでしょう。しかし、移動や集会の制限を補った、デジタル技術に支援されたリモートモードは、生活様式として常態化し、これまでの暮らしの想定が見直されていくでしょう。たとえば満員電車による通勤、遠く離れた地点を結ぶ物流、大量動員を目指す集会を想定したものから、徒歩圏内に多様な活動やサービスがある想定の、建築、都市、社会への大編成が行われるはずです。なかにはサナトリウムのように役割を終える施設類型も出てくるはずです。

歴コン2020のグランプリは、ハンセン病患者を隔離していた施設を通して、ハンセン病の歴史に挑んだものでした。病気に対する国ぐるみの偏見が作り出した隔離施設は、現在の入居者の老衰によりやがて消滅する運命にあります。しかしこの提案はそうさせません。差別を受け隔離されながら、それでも生きることを諦めなかった人々の戦いを記憶する役割をこの施設に与えることにより、記念碑というよりは、患者一人ひとりの精神的外傷（トラウマ）を社会的トラウマに変換しているようで、感動を覚えました。

コロナ禍はつい昨年に始まったことなので、それ自体がもたらす環境の変化はまだ歴史的空間再編のターゲットとは言えないかもしれませんが、過去の疫病や病気に限らず、暮らし全般に対する社会の構え、そこから生まれる施設類型を、歴史的空間の問題系として浮き彫りにした感があります。10年目を迎える歴史的空間再編コンペティションにも、大きな課題が突きつけられているのです。

「何を歴史的空間として捉えるか？」という問いが年々強くなっていく

宮下 智裕

歴史的空間再編コンペの大きな特徴というのが「何を歴史的空間として捉えるか？」である。私自身は、ここで提案の面白さの半分が決まると言ってもいいというくらいに考えている。その意味でも、それぞれにとって歴史的空間とは何かという問いに対してさまざまな角度から深く考察し提案を行ってもらいたいと思う。この点については、提案する学生の皆さんのみならず、審査、運営する私もまた同様のテーマに常に向かい合いながら進めていかなければならないと痛感している。

時代の変化によって歴史的空間の定義も変化していくし、その歴史的な評価や位置付けも変化していく。そのような中で、見事グランプリに選ばれた「見えない壁をこえて」はハンセン病患者の隔離施設を歴史的空間として捉え、壁という一つのキーワードのもと差別や偏見など社会の抱えている問題に対してダイナミックな造形と構成で再編した意欲作であると言える。歴史的にネガティブな要素を持つ空間に正面から向き合い、建築の評価、再編を通して、この歴史をどのように将来に対して使っていくのかという具体的提案を行っている点が素晴らしいと感じた。今年度のコンペも新型コロナ対策として遠隔での審査となり、我々の生活習慣や都市機能の在り方などに大きな影響を与えている。目に見えないもの、分からないものに対する不安や、そこから生まれる偏見、差別など我々の都市生活が根本的に抱える問題に対してリアリティーを持って考えることのできる時期であったかもしれない。

3位の「灰で彩る桜島」には大きな可能性を感じた。その地域特有の自然活動が人々の生活やまちの形態に影響を与えている状況を歴史的空間として捉えるケースは比較的少なく、その着眼点に強い興味を持った。一方で、火山灰という悩みの種に対して、地域住民が住み方や建築形態の工夫で対応してきた歴史をより明快にし、そこから導き出される今後の建築というストーリーを示すことができれば、さらに力強い提案となったように思う。

10回を重ねる歴史的空間再編コンペの中でも、対象となる歴史的空間の捉え方は変化してきている。今後も時間とともに変化していく歴史的空間の評価や位置付けを再度意識しながらより深く考えていけるコンペになればと思う。

コンペそのものが、危機を乗り越えながら「再編」を重ねている

松田 達

第9回となる歴史的空間再編コンペティション2020は、初めてオンラインで行われた。この特殊なる状況を振り返っておきたい。2020年初頭から世界を大混乱に巻き込んだ新型コロナウイルス感染症の拡大によるものである。一度は、応募学生はもちろん、審査員も完全オンラインで審査を進める方針を取ろうとしたが、秋の感染状況が若干改善されたことを鑑み、かなり直前になり、審査員だけは徹底した感染対策の上、金沢に集まることとなった。1ヶ月前の一次審査が完全オンラインであったので、これは直前の大きな決断であった。おそらく、あと一週間開催日が遅かったら、審査員が集まることも難しかったであろう。結果として、このコロナ禍でも歴コンは大成功を収めたと思う。応募総数は過去最高であった。ファイナル通過学生はZOOMでプレゼンし、それをYouTubeでライブ配信、一方で模型の展示はなしとした。もちろん対面での審査とは状況は異なるが、コロナ禍という条件下でできることを取捨選択しつつ、最大限に実行できたと思う。無事、審査は終了し、歴コンは例年と遜色ない盛り上がりを見せた。これは見事だった。学生団体SNOU、金沢市、運営に携わった全ての皆様に、御礼を申し上げたい。

短くではあるが、作品にも触れておきたい。上位の作品の共通点には、「都市における線的なもの」があったように思う。「神社境界の准え」は、神社空間とまちとの境界に着目し、塀を建築化した。「切断すること、それは繋ぐこと」は、首都高という都心の大動脈を切断し、新たな都市景観として残した。「エレメントが動くとき」は、建築的エレメントが廃線を移動することにより空間を組み替える。グランプリの「見えない壁をこえて」は、ハンセン病療養所の隔離壁をあえて再生し、負の歴史を記憶に留めるとともに、資料館の動線の中心とした。こうした線的な要素への着目は、全般的に学生の都市を見る解像度が上がってきたからのようにも感じる。

学生は、時に訪れる通信の不具合と戦いながらも、素晴らしいプレゼンテーションを成し遂げた。周りが見えない状況で、遠隔プレゼンは決してやりやすいものではなかっただろう。しかし、ディスカッションの密度が例年と変わらなかったことは、このアーカイブを見れば、十分おわかりいただけることだと思う。コンペとしての成熟が、遠隔化というハードルを乗り越えさせたように思う。これも「歴史」と「再編」の一つの効果ではないだろうか。コロナ禍というハードルを乗り越えた経験は、歴コンの歴史にとってもきっと大きな財産になると思う。コンペそのものが、危機を乗り越えながら「再編」を重ねているのだ。

作品紹介 —11～20位—

11位

KSGP 20048

生活のおすそわけ

—湧水文化の継承と再編が循環する住まい—

佐藤 駿介 日本大学 理工学部 海洋建築工学科
石井 健聖／大久保 将吾／駒形 吏紗／鈴木 亜実

このまま何もしなければ針江のカバタも他の湧水利用文化と同じように消滅すると考える。カバタのある生活を歴史的空間と捉え、カバタを知る人々が残る今だからこそ、その生活を移住者におすそわけしつつ、湧水利用を取り入れた新たな住まいを提案することで、針江の住民と移住者を繋ぎ、再編する。

12位

KSGP 20043

技工の短冊

—播州刃物が結びつける職人技とともにある街の提案—

黒田 悠馬
京都工芸繊維大学大学院 工芸科学研究科 建築学専攻

使用する刃物が作業精度に大きく影響する職人から多くの支持を集める、兵庫県の播州刃物。現在鍛冶屋は衰退の傾向にあることから、将来他の職人業にも連鎖的な打撃を与える恐れがある。鍛冶職人の新たなあり方を支援する建築。

13位

KSGP 20041

ジレンマを繋ぐ三つの器

—野沢温泉村における村民の生活文化の継承と観光システムへの転換—

堀田 翔平
信州大学大学院 総合理工学研究科 工学専攻

観光システムの転換が求められる野沢温泉村において、歴史的な外湯文化からできた回遊型観光動線に、生活と観光の複合拠点を提案する。村のコンテクストから既存の観光システムに付加するように提案することで、連続した観光の賑わいを演出し、かつ村民の生業が伝統的に続き、村が永続的に繁栄する。

13位

KSGP 20085

都市を『鋤く』

鹿山 勇太 大阪工業大学大学院 工学研究科 建築都市デザイン工学専攻
川合 俊樹／藤田 宏太郎／高永 賢也／上田 雄貴／大槻 洸斗／
爰河 真太朗／松山 美耶

都市の「不良債権化した余剰空間」を歴史的空間と定義し、また、それらを「都市的資源」と捉える。そこに「里山的循環」を持ち込むことで、資源を用いた無意識的な相互扶助の関係、いわば「都市的共同体」を提案する。低密度化する都市部で、人々は無機質な空間を鋤き、新たな生活を根付かせていく。

15位

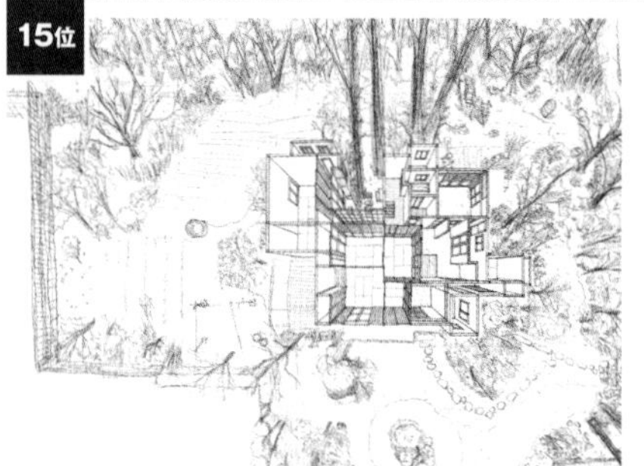

KSGP 20036

調理場の継承

—いただきますの背景—

北岡 彩那
滋賀県立大学大学院 環境科学研究科 環境計画学専攻

三重県伊勢市に位置するこの計画地にはかつて、土地の主である五味さんが開いた「五峯庵」という料亭があった。料理人であった五味さんの調理の方法やその料理にあった皿など、懐石料理の道理を深く考え方から、その食材や料理にあった空間とした料亭を再建する。

※所属は代表者のみ掲載

16位

KSGP 20062

流転する築地

～建築の終わりと始まりのあいだの物語～

須貝 仁
日本大学大学院 理工学研究科 建築学専攻

「流転」という概念に着目し、その設計手法を用いて、埋蔵文化財発掘期間における築地市場跡地の在り方を提案する。約20年間の掘削による大地の動きの中で、建築の現れ方や空間性が発掘作業と共に変化していく、時間の中で揺れ動く一瞬をとらえた建築である。

16位

KSGP 20080

小さな環境

―風景のリノベーションにおける用水と人の新たな関わり方―

宮下 幸大
金沢工業大学大学院 工学研究科 建築学専攻

石川県金沢市は歴史遺産として「用水」を開墾当時の「形」のまま現在まで保全してきました。ですが、後世に残すべきなのは用水が人々の生活と密接に関わっていたということであると私は考える。私は用水を「形」だけの保全ではなく、「人々の生活環境」として保全することを提案する。

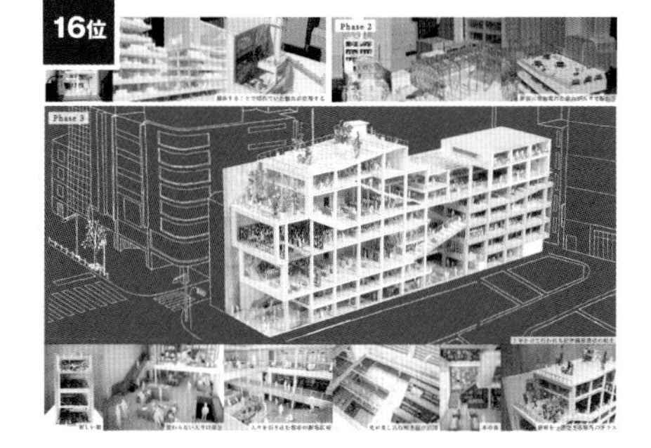

16位

KSGP 20192

記憶を用いた建築の転生

―紀伊國屋ビルディングを対象として―

坂上 直子
工学院大学大学院 工学研究科 建築学専攻

建築は記憶を蓄えることができる。我々が忘れている記憶を建築によってもっと身近な存在にできないだろうか。93年前に新宿で創業した紀伊國屋書店を対象とし、そこに宿る記憶を元に過去と未来を繋ぐ建築に転生させた。3段階の長期的な転生過程を人々と共有し建築への興味や発見を与えたいと考える。

16位

KSGP 20205

都市の商住共棲

―商店街における商店と住宅の新たな暮らし―

中村 正基 日本大学 理工学部 海洋建築工学科
神林 慶彦／古角 虎之介／山戸 善伸

戦後の闇市から始まった立石仲見世商店街。1階で商いをし、2階に人が住み、生活をした。しかし、都市の現代化に取り残された、闇市由来の狭い空間には人が住まなくなった。現在の再開発の手法は歴史の積み重ねを跡形も無く失くす。ここの地域性の継承と土地の特性から新たな再開発の手法を提案する。

16位

KSGP 20229

小坂時間旅行

勝部 秋高 日本大学大学院 理工学研究科 海洋建築工学専攻
西村 寿々美／大久保 将吾／中野 沙紀／上島 萌夢／川内 俊太朗

秋田県鹿角市小坂町はかつて鉱山資源により栄え鉱山の町としての歴史を歩み、今日までそれらの廃線と史跡が残されている。今後、衰退とともにそれらの歴史が消失してしまうであろうこの地で繁栄した痕跡に建築的操作を施す。動く建築により現存している風景を借景し来訪者を「時間旅行」へと誘い出す。

作品紹介 ―30選―

※所属は代表者のみ掲載

KSGP 20040

超密都市の余白に揺れる筏

出口 絢斗

京都工芸繊維大学大学院
工芸科学研究科 建築学専攻
―
沖野 純／小野 成実

KSGP 20124

ナマモノ座
―人を引き込む芝居街のカラクリ―

川上 樹

立命館大学大学院
理工学研究科
環境都市専攻

KSGP 20077

400mmの集積体
―狭小なスケールを引き継いだ街の更新モデルの提案―

高橋 遼太朗

日本大学大学院
理工学研究科
海洋建築工学専攻
―
渡邉 康介／石井 健聖／
鈴木 亜実／川田 遥／
関 亮太

KSGP 20150

メメント・モリの継承
―分断された海とまちの再編―

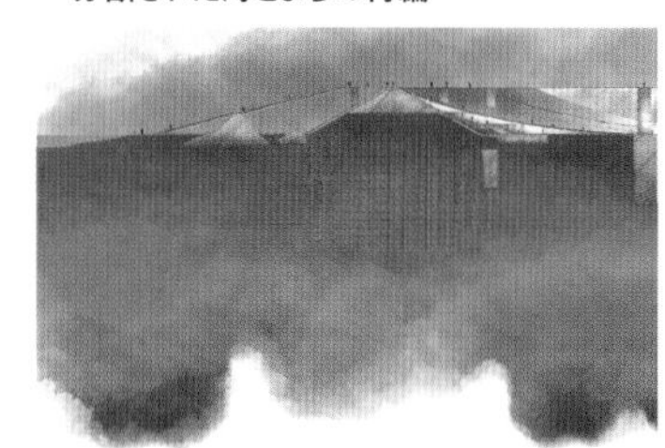

張替 依里

早稲田大学大学院
創造理工学研究科
建築学専攻
―
水野 結唯

KSGP 20081

竹住物語
―竹林で生まれる新しい日常―

田口 正法

熊本大学大学院
自然科学教育部
土木建築学専攻
―
森山 大輝／山本 航

KSGP 20152

拝啓、小さな隣人たちへ。
―地域生態系の再解釈による新たな住まいの在り方―

土田 昂滉

佐賀大学大学院
理工学研究科
建築環境デザインコース
―
西田 晃大／森本 拓海

KSGP 20114

御柱祭千年ノ歴史を望む
―〈めどでこ構造〉をもちいた新たな御柱祭の象徴―

樋口 明浩 日本大学大学院 生産工学研究科 建築工学専攻

KSGP 20198

移ろいゆく果樹の景
―巨大土木構築物の第三の可能性―

柿坂 信

京都工芸繊維大学大学院
工芸科学研究科
建築学専攻

KSGP 20121

東京暗渠再生

中村 美月

日本大学大学院
理工学研究科
海洋建築工学専攻

KSGP 20235

曙光瓦
～熊本城破損瓦アーケード～

舛友 飛斗

熊本大学大学院
自然科学教育部 土木建築学専攻
―
内川 公貴／福島 早瑛

SNOU賞

SNOU賞とは

最優秀SNOU賞・パース賞・模型賞・プレゼン賞の4部門において、SNOUが優秀作品を選出。
各賞の受賞者計4名に、北陸ゆかりの品を贈呈しました。

審査方法

30選決定後から歴コン当日までに、1次審査及び2次審査を行う。
［1次審査］
SNOUメンバー全員で30選のパネルデータから審査、投票し上位10作品を選出。
［2次審査］
1次審査を通過した10作品の中から、最優秀SNOU賞1作品を選出する。
SNOU審査員が、パネルデータ及び模型写真データを見て審査を行い、
点数の合計により決定（1次審査の点数は2次審査に反映されないこととする）。

審査基準

◇どこを「歴史的」とし、何を「再編」したかを的確に捉えられているか
◇対象地の歴史的背景や現状などの下調べが十分にできているか
◇問題提起が的確にできているか
◇提案は問題を解決するにあたってふさわしいものになっているか
◇提案に持続性・将来性はあるか
◇パネルを通して、作品の魅力についてわかりやすく説明されているか

審査結果は歴コンHPで公開しています。

最優秀SNOU賞

「home」硝子の種

家のカタチをした硝子オーナメントの中で、双葉が芽を出す様子を描いた作品です。私たちのユニット名"硝子の種"は、作品もどこかたどり着いたその場所で、人々の生活に芽を出すきっかけになれば、という願いから付けました。"home"が建築を志す方々の励みに、少しでもなれたら嬉しいです。

受賞者：KSGP20205 中村 正基／神林 慶彦／古角 虎之介／山戸 善伸

パース賞

「机上に咲く花」中嶋 寿子

日々の暮らしの片隅に、陶の花があることによって生まれる景色を楽しんでもらえたら嬉しいです。

受賞者：KSGP20009 髙木 駿輔

模型賞

「黒×赤 フリーカップ」山﨑 美和

大振りのフリーカップ（φ8.5cm×h7.5cm）。コーヒーや焼酎などお好きなものを入れてお使い下さい。

受賞者：KSGP20142 横畑 佑樹

プレゼン賞

「ポインセチアピンバッジ」西川 美穂

「祝福」「幸運を祈る」という花言葉を持つポインセチアをイメージし、普段にもちょっとした場所でも男女問わずに胸元を飾ることのできる銀製のピンバッジを制作しました。

受賞者：KSGP20177 原田 秀太郎

表彰楯

グランプリ、準グランプリ、3位の方に贈る表彰楯を、坂井直樹さん（東北芸術工科大学准教授）に作製していただきました。

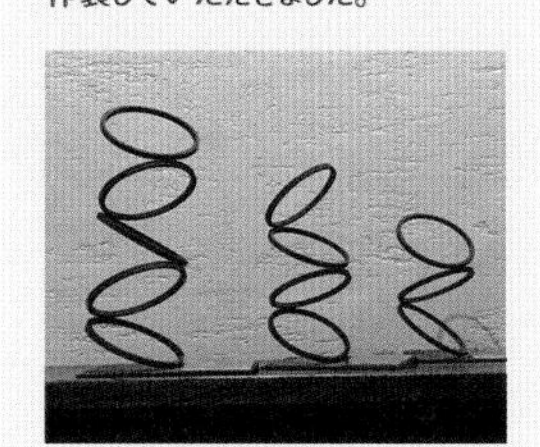

「繋ぐ」坂井 直樹

「繋ぐ」をテーマに制作しました。モチーフとしたリングを繋ぎ合わせ、人と人、人と街。そんな関係性をカタチにしました。

グランプリ
KSGP20177
原田 秀太郎

準グランプリ
KSGP20102
渡邉 康介／根本 一希／中村 美月

3位
KSGP20066
七五三掛 義和／折尾 章太

#「歴コン」MAP 2020

1. 出展データ

都道府県別応募件数

エントリー226作品／本審査進出30作品

都道府県	エントリー作品数	本審査進出作品数
北海道	6	
秋田	1	
岩手	1	
宮城	4	
福島	4	
茨城	2	1
埼玉	8	2
千葉	33	5
東京	26	8
神奈川	18	1
新潟	1	
富山	1	
石川	12	1
福井	2	
長野	8	1
岐阜	2	
愛知	15	1
三重	2	
滋賀	16	2
京都	13	3
大阪	12	1
和歌山	1	
兵庫	7	
島根	1	
広島	11	1
徳島	1	
福岡	9	
佐賀	2	1
熊本	6	2
沖縄	1	

応募者の所属高等教育機関

エリア	都道府県	大学院・大学・専門学校
北海道	北海道	札幌市立大学
		北海学園大学／北海学園大学大学院
		室蘭工業大学大学院
東北	秋田県	秋田県立大学大学院
	宮城県	東北大学大学院
		東北学院大学大学院
		東北工業大学
		宮城大学
関東	東京都	工学院大学／工学院大学大学院
		芝浦工業大学／芝浦工業大学大学院
		東京大学大学院
		東京藝術大学大学院
		東京工業大学大学院
		東京電機大学
		東京都市大学大学院
		東京農業大学大学院
		東京理科大学／東京理科大学大学院
		東洋大学大学院
		日本大学／日本大学大学院
		日本女子大学
		法政大学大学院
		明治大学／明治大学大学院
		明星大学
		早稲田大学大学院
	千葉県	千葉大学大学院
		千葉工業大学大学院
	神奈川県	神奈川大学／神奈川大学大学院
		東海大学大学院
		横浜国立大学大学院
中部	長野県	信州大学／信州大学大学院
	新潟県	新潟大学大学院
	愛知県	愛知工業大学
		大同大学／大同大学大学院
		名古屋大学大学院
		名古屋工業大学大学院
		名城大学大学院
	富山県	富山大学大学院
	石川県	金沢工業大学／金沢工業大学大学院
	福井県	福井大学
関西	大阪府	大阪工業大学／大阪工業大学大学院
		大阪市立大学大学院
		大阪芸術大学
	滋賀県	滋賀県立大学大学院
	京都府	立命館大学／立命館大学大学院
		京都大学大学院
		京都建築大学校
		京都工芸繊維大学／京都工芸繊維大学大学院
		京都女子大学
	三重県	三重大学／三重大学大学院
	兵庫県	神戸大学／神戸大学大学院
		兵庫県立大学
		武庫川女子大学／武庫川女子大学大学院
中国	広島県	近畿大学／近畿大学大学院
		広島大学大学院
		広島工業大学
	島根県	島根大学
九州	福岡県	九州大学／九州大学大学院
	佐賀県	佐賀大学大学院
	熊本県	熊本大学／熊本大学大学院
	沖縄県	琉球大学

2. 30選作品 対象敷地マップ

3. 歴史的空間ガイド

**歴史的空間のストックを再編し活用する「歴コン」では、
建築や都市はもちろん、行事や文化、特産物が提案の対象となることもある。
今年度の30選作品を対象とし、学生団体SNOUのメンバーが調査した歴史的空間を
エリアごとに紹介する。**

北海道／東北

●「鉱山の廃線」

秋田県鹿角郡小坂町

秋田県鹿角郡小坂町はかつて小坂鉱山など鉱山資源で栄えたが、第2次世界大戦後は鉱山資源が枯渇しまちは衰退した。現在は長い間に培った製錬技術をリサイクル製錬へと移行し、製錬業の地位を揺るぎないものとしている。数多くの近代化産業遺産があり、小坂鉱山事務所と芝居小屋・康楽館などの歴史的建造物は、小坂鉱山の歴史と文化の代表格であり、まちの主要な観光資源である。十和田湖を中心とした美しい自然があり、建築と自然環境が調和した観光振興が図られてきた。

KSGP 20229『小坂時間旅行』

●「釜岩の防潮堤」

岩手県釜岩市鵜住居

岩手県釜岩市に位置する鵜住居は太平洋に面する海辺のまちであり、2011年の東日本大震災時には津波による多大な被害を受けた地域である。鵜住居はアイヌ語で入り江がある場所を意味し、古くから漁業が盛んに行われるなど漁師町としても栄えた歴史がある。現在は崩壊した防潮堤の改修や復興施設の建設など、震災の教訓や記憶を未来につなげるための活動も積極的に行われている。

KSGP 20150『メメント・モリの継承 ―分断された海とまちの再編―』

3. 歴史的空間ガイド

東京

●「都市の記憶を刻む暗渠」

東京都 神田川笹塚支流暗渠

かつて水の都と呼ばれていた東京には、数多くの川や水路が張り巡らされていた。しかし、戦後の急速な都市開発により、宅地開発に伴う下水道整備や、衛生問題、さらに関東大震災の瓦礫処理のため、川や水路の多くは埋め立てられ暗渠と化した。現在、暗渠空間には川であった頃の名残である橋跡や土手跡が残っており、痕跡をつないでいくとかつての水のネットワークが見えてくる。このつながりから土地の歴史を読み解くことが可能となる。

KSGP 20121 『東京暗渠再生』

●「狭小が愛されるゴールデン街」

東京都新宿区 ゴールデン街

新宿ゴールデン街は歌舞伎町にある飲食店街で、約6,600㎡に低層かつ狭小の飲食店が約300軒連なっている。戦後、周辺の闇市が現在の地区に移動してきた歴史があり、名称には札束を稼ぐ銀座に対し、小銭を稼ぐという思いが込められている。かつては非公認の風俗店が集まる地域であったが、売春防止法の施行後は飲み屋が密集する地域となり、呑兵衛に愛される街となった。

KSGP 20077

『400mmの集積体 ー狭小なスケールを引き継いだ街の更新モデルの提案ー』

●「北王子線跡」

東京都北区

北八王子線は東京都北区の王子から下十条を1926年から2014年まで運行していた鉄道であり、かつては王子製紙の専用鉄道としても重要な役割を担っていた。東京23区の北側に位置する北区は高齢者の人口割合が多く、十条駅や赤羽駅、王子駅など下町の古い街並みも多く残るエリアである。紙の製造が盛んだったこの地域は、現在も工場や倉庫など当時の名残がある建築が存在している。

KSGP 20102 『エレメントが動く時 ー廃線を活用したインフラストラクチャがつくる新たな住まい方ー』

●「紀伊國屋ビルディング」

東京都新宿区新宿3丁目

東京都選定歴史的建造物である紀伊國屋ビルディングは、書店や劇場、画廊、さらに多くのテナントを有する複合ビルとして1964年に竣工した。設計者の前川國男が「何か一息つける場所をつくりたい」と考えて設けた1階の広場は、格好の待ち合わせ場所となっている。しかし、2018年に発表された「旧耐震基準の危ないビル」に該当しており、耐震工事を重ねることでかつての面影を失ってしまった。不格好ながらも建築を利用し続ける様子は、まるで「延命措置」を行っているようである。

KSGP 20192

『記憶を用いた建築の転生 ー紀伊國屋ビルディングを対象としてー』

●「日本橋」

東京都中央区

1603年に誕生した日本橋は、当時は木造の太鼓橋で、現在の石造二重アーチは1911年に架けられたものである。江戸幕府開府とともに城下町として急成長を遂げた日本橋は、全国各地から商人や職人が集まり、五街道の起点となった。また、水運に恵まれたこともあり、多種多様な物質が集結・流通した場所でもある。近年では、かつて魚市場が栄えた川沿いや橋の景観を見直す動きが活発になり、さらなる発展が期待されている。

KSGP 20142

『切断すること、それは繋ぐこと』

●「移り変わる築地」

東京都中央区築地市場跡地

江戸時代の明暦の大火によって出た瓦礫を海に沈め、台地を削り取って得た土を運び、埋め立て、築いて固めてできた土地という意味で築地と命名された。その後、大名屋敷や築地ホテル館、海軍省、海軍学校、築地市場といった都市の主要的役割をこの土地は担い、移り変わり続けている。築地市場跡地は今後整備されていき、MICE施設が計画される予定である。MICE施設建設は2040年頃を目安に計画される予定であり、歴史ある築地が移り変わる前に空白の20年が生まれる。

KSGP 20062 『流転する築地 〜建築の終わりと始まりのあいだの物語〜』

●「面影を残す豊洲貯木場跡」

東京都江東区豊洲

豊洲貯木場は江東区と中央区の間を通る豊洲運河に位置する、東京湾につくられた貯木場の1つである。水面に丸太が浮かべられている特徴的な風景は、産業や祭礼と結びつき、地域のアイデンティティにもなっていた。しかし戦後、昭和40年代にピークを迎えた東京の原木取扱量も、原木産出国の輸出規制や現地製材への移行などにより輸入量が低下し、東京湾の貯木場の需要も低下してきた。現在では木材は一本も見られず、当時の柵と係留杭しか残っていない。

KSGP 20040

『超密都市の余白に揺れる筏』

●「時代の変遷が刻まれた仲見世商店街」

東京都葛飾区 立石仲見世商店街

仲見世は江戸時代に浅草寺の参拝客が増えたことによる参道上の出店が始まりとされており、門前町として発展を遂げた。明治維新後、公園法の制定によりかつての商店は全店退店し、煉瓦造りの店舗が立ち並んだ。震災による壊滅、戦災による焼失が続いたが、仲見世の人々による闇市の発生など復興が行われた。現在でもアーケード下の雨戸、統一感のある電飾看板など歴史の断片を見ることができる。現在、倒壊危険度や火災危険度が高くなっていることから再開発が進んでいる。

KSGP 20205

『都市の商住共棲 ー商店街における商店と住宅の新たな暮らしー』

関東

●「西堀酒造」

栃木県小山市

栃木県小山市は、関東平野の中央に位置し、市内には思川、鬼怒川、巴波川の3つの川が流れ、農地や平野林が広がっている自然豊かな地域である。温暖な気候と恵まれた自然を生かし、農業を中心として地場産業が展開されている。県内有数の穀倉地帯で、5つの酒蔵があり、地酒の製造も盛んである。西堀酒造という酒蔵では、敷地内の建造物が登録有形文化財に指定されており、歴史的な魅力も併せ持っている。

KSGP 20010 **『積層する歴史 ー「時間の蓄積」的デザインのリサーチから見る文化的保存と発展の手法ー』**

●「武甲山と石灰採掘」

埼玉県秩父市 武甲山

武甲山は、秩父市を代表する神体山であり、多くの文化や伝統が誕生してきた。しかし、良質な石灰岩が採掘できることから、1951年より採掘が始まり、1981年には階段式露天掘りという採掘方法が導入され、当時1,336mあった標高は、現在1,304mにまで変化してしまった。この採掘のために武甲山は毎日爆破され続け、現在のまま採掘が進んでいくと、100年後には高さ900m、幅5kmの真っ白な壁だけが残ると予想されている（秩父地区残壁研究会より）。

KSGP 20133 **『石灰降る街 〜秩父武甲山を再考〜』**

東京 ▶P106へ

中部

●「形の変わらない用水」

石川県金沢市 鞍月用水沿い

石川県金沢市鞍月にある用水路は、歴史遺産として開墾当時の形のまま保全されてきた。犀川を水源として長町に流れる用水で、水力を利用して菜種油を取る目的や灌漑用につくられた。昭和初期では染物を行う茜屋が利用し、大正時代には撚糸、機業、精錬業など近代工業にも不可欠な存在であった。しかし、現在この用水は生活の一部として利用されることがなくなっている。

KSGP 20080『小さな環境 －風景のリノベーションにおける用水と人の新たな関わり方－』

●「神社とまちのつながりを取り戻す塀」

愛知県一宮市 真清田神社

真清田神社は、平安時代に国家から国幣の名神大社と認められ、「尾張國一之宮」として国司を始め人々の崇敬を集め、信仰の中心として古くから一宮地域の発展に関わってきた古社である。一宮市は真清田神社を中心に市街地が発展し、一帯の地名「一宮」はこの真清田神社の社格に由来している。社殿は戦時中焼失したが、戦後再建され、本殿・祭文殿などは神社建築としての造形を評価され、国の登録有形文化財に登録されている。

KSGP 20179『神社境界の准え』

●「長野市ボブスレー・リュージュパーク」 長野県長野市中曽根

長野市ボブスレー・リュージュパークは、ボブスレーとリュージュ、スケルトンの兼用そり競技施設である。1998年の長野オリンピックでは、ボブスレ　とリュ　ジュの会場として使用された。長野オリンピック後は、施設の維持運用のための費用の負担が難しく、経営難が深刻化し2017年4月に製氷を打ち切られ、競技施設として使用できなくなった。2019年5月からはノルディックウォーキング施設として整備され、転用されている。

KSGP 20198『移ろいゆく果樹の景 ー巨大土木構築物の第三の可能性ー』

●「外湯を巡る温泉街」 長野県下高井郡野沢温泉村

日本で唯一、村の名前に温泉が付く野沢温泉村。温泉に使われる湯は、村民の生活と深く関わりながら、地域の共有資源として大切に守られている。特に「外湯」と呼ばれる13の共同浴場は、地域住民だけでなく観光客にも無料で開放されており、村の生活文化を巡る観光システムが構築されている。しかし、大規模な観光施設や観光資源を確保するための舗装道路によって生活と観光が分断され、住民と観光客の距離を保つことが難しくなってきており、観光システムの転換が求められている。

KSGP 20041『ジレンマを繋ぐ三つの器 ー野沢温泉村における村民の生活文化の継承と観光システムへの転換ー』

●「諏訪大社御柱祭」 長野県茅野市

長野県茅野市は、八ヶ岳や蓼科高原、白樺湖など自然環境豊かな諏訪地方の都市である。茅野市を含む諏訪地方では、7年に一度御柱祭という祭りが行われている。御柱祭は、全国各地にある諏訪神社の総本社である諏訪大社における最大の神事であり、御柱となる巨木を山から曳き、境内に建てるまでの一連の行事のことである。迫力や熱気に満ち溢れた祭りであり、全国から多くの観光客が訪れる。

KSGP 20114『御柱祭千年ノ歴史を望む ー〈めどでこ構造〉をもちいた新たな御柱祭の象徴ー』

関 西

●「都市の余白」
大阪府大阪市淀川区西中島

大阪市淀川区西中島は、オフィスや商業施設だけでなく、国際機関からベンチャー企業の拠点、住宅街まで、さまざまな機能が混在し集積している。また、将来のリニア中央新幹線全線開通を見据えて、新大阪駅を中心に再開発が予定されている。都市部にはバブル崩壊以降、都市機能が密集していく歴史の過程で生じた公園や余剰地など、「都市の余白」とも言える空間が存在しており、そこをどう活用するかも一つの課題と言えるのではないだろうか。

KSGP 20085『都市を「鋤く」』

●「中銀カプセルタワービル・万博記念公園」
大阪府吹田市 万博記念公園

中銀カプセルタワービルは建築家・黒川紀章により設計された、東京都中央区銀座にあるコンテナユニット型のマンションである。一つひとつの部屋がカプセルになっており、そのカプセルを新しく変えていくことにより建物を新陳代謝していくという発想である。現在、老朽化が進み、ビルを保存・再生するためのプロジェクトが立ち上がっている。大阪府吹田市にある万博記念公園は、1970年に開催された「日本万国博覧会」を記念し、その跡地を整備した公園である。岡本太郎氏による「太陽の塔」がある自然文化園や日本庭園、国立民族学博物館などがあり、日本さくら名所100選にも選ばれている。

KSGP 20191『寂滅の新陳代謝 ー中銀カプセルタワービル納骨堂転生計画ー』
※作品では中銀カプセルタワービルの万博記念公園への移転を計画

●「上醍醐寺准胝堂」
京都府京都市伏見区
上醍醐寺准胝堂跡地

醍醐寺は、京都市伏見区にある真言宗醍醐派総本山の寺院である。准胝堂の創建は876年（貞観18年）、醍醐寺開山の聖宝理源大師が開山の折に、醍醐水の辺の柏の霊木から准胝観世音菩薩を彫り、その柏の木があった場所にお堂が建てられたのが最初とされる。その後、何度か焼失したがその都度再建された。2008年８月に落雷が原因で、火災によりお堂が焼失したため、下醍醐・伽藍内の観音堂に准胝観音を安置し、参拝、納経、朱印を受けている。

KSGP 20009『准胝堂 ー密教における塔建築の再考ー』

●「江戸時代から続く小野商店街と播州刃物」
兵庫県小野市 小野商店街

兵庫県小野市の中心に位置する小野商店街は、江戸時代に生まれた旧小野藩陣屋町の商人町であり、短冊状の町割りが現在まで引き継がれている。小野市は古くから東播磨内陸の産業を担ってきたまちであり、そろばんと金物産業が有名で、金物は「播州刃物」として親しまれている。ハサミや鎌、包丁など家庭用刃物が代表的な播州刃物は、約250年の歴史を持つ伝統的特産業であるが、一方で近年は鍛冶屋職人の後継者不足に直面している。

KSGP 20043『技工の短冊 ー播州刃物が結びつける職人技とともにある街の提案ー』

●「道頓堀」
大阪府大阪市中央区 道頓堀エリア

道頓堀は大阪ミナミの代表的な繁華街。道頓堀の名は1612年に安井道頓が私財を投げ売って川を開削したことに由来すると言われている。江戸時代には南側に大阪中の芝居小屋が集められ、47軒の水茶屋が集まり栄えていた。現在、残っている芝居小屋は松竹座だけとなってしまったが、多くの飲食店が軒を連ね、観光地としても大きな賑わいを見せている。また近年では、水辺の遊歩道「とんぼりリバーウォーク」も人気を集めている。

KSGP 20124『ナマモノ座 ー人を引き込む芝居街のカラクリー』

●「湧水を利用するカバタ」
滋賀県高島市針江地区

カバタ（川端）は針江で古くから続く、湧水を生活用水に利用するシステムである。現在、琵琶湖周辺での湧水利用文化はこのカバタのみとなった。針江は2004年にNHKのドキュメンタリー番組が放映されたことにより観光客が急激に増加したが、水路へのゴミの不法投棄が問題となった。その後、ボランティア団体によりエコツーリズムが始まり、カバタでの洗剤の使用を禁止するといった取り組みもあり、2008年には環境省選定「平成の名水百選」に入選した。

KSGP 20048
『生活のおすそわけ ー湧水文化の継承と再編が循環する住まいー』

●料亭「五峯庵」
三重県伊勢市二見町

三重県伊勢市にはかつて、「五峯庵」という料理人の五味貞介氏が開いた料亭があった。築150年の庵は、元は密厳寺という徳川家光属の禅宗の寺院であった。五峯庵の名前の由来は目の前にある山の名前「五峯山」である。五峯庵では伊勢路の再現料理をもてなし、五味氏自ら創作した常滑の器を使っているほか、五味氏の絵や書も味わうことのできる料亭であった。2003年から10年間、住居の一部を料亭として開き、閉店後はまた住居として使われている。

KSGP 20036『調理場の継承 ーいただきますの背景ー』

中国／四国／九州

●「熊本城」

熊本県熊本市中央区 三年坂

熊本市中央区には、日本三名城の一つとして数えられる熊本城がある。熊本藩初代藩主である加藤清正が、1601年から7年の歳月を経て築いた名城とされている。1960年に鉄筋コンクリートで天守の外観を復元し、2000年以降にも門や櫓などが木造で復元された。2016年に起きた熊本地震で、天守や石垣、重要文化財建造物が被害を受けた。現在は城全体の再建を目指し修復が行われており、震災復興のシンボルにもなっている。

KSGP 20235『曙光瓦 〜熊本城破損瓦アーケード〜』

●「国立療養所菊池恵楓園」

熊本県合志市

国立療養所菊池恵楓園は、1909年に「らい予防に関する件」に基づき合志市に建てられた施設である。1931年には「らい予防法」が制定され、全てのハンセン病患者が隔離されることになり、「無らい県運動」などハンセン病をなくすという動きが本格化した。1996年に「らい予防法」は廃止されたが、差別・偏見などにより社会復帰が難しく、療養所で生活している元患者の方もいるのが現状である。

KSGP 20177『見えない壁をこえて ハンセン病を辿る資料館』

●「クリークと地域生態系」

佐賀県佐賀市呉服元町

佐賀市の中心部に位置する呉服元町。このまちにはクリークと呼ばれる用水路が数多く張り巡らされている。そこには独自の自然環境が存在しており、住民による保全活動「ごみくい」が行われている。「ごみくい」とは佐賀県の伝統農法で、クリークの底に溜まった泥土（ごみ）を田面にすくい上げる作業のことである。佐賀平野の農業を永続的に続けるには不可欠な作業であり、毎年行われている。

KSGP 20152『拝啓、小さな隣人たちへ。 ー地域生態系の再解釈による新たな住まいの在り方ー』

●「水郷のまち庭瀬の水路」 岡山県岡山市北区庭瀬

庭瀬は江戸時代から昭和初期まで、庭瀬港や地区内に張り巡らされた堀・水路を利用して、瀬戸内海から運ばれた物資の搬入や年貢の積出が行われ、水郷のまちとして栄えた。また庭瀬往来が通っていたため、水路と陸路が交わる要地であった。しかし、山陽鉄道の開通以降、船の往来は減少し水路も半分ほどの幅まで埋め立てられ、大型の常夜灯も暴風の被害により取り壊された。しかし現在、常夜灯は再建され、当時の雁木や古い街並み、水路は今なお姿を残している。

KSGP 20026『家をほどき、水をむすぶ ーまちを育てる水路と共生する暮らしー』

●「里山の竹林」 鹿児島県薩摩川内市

鹿児島県薩摩川内市は北薩地域の中心都市であり、鹿児島県で最も面積が大きい都市である。鹿児島県は竹林面積が全国1位であり、薩摩川内市は県内でも随一の竹林面積を誇る。河川の両岸に竹林を植栽し、河川を固定する方法で竹林堤防が普及したことにより県内各地で竹林が形成されたとされている。古くからタケノコの生産や竹加工産業が営まれてきたが、近年は竹産業従事者が減少しており、放置竹林が点在するようになった。

KSGP 20081『竹住物語 ー竹林で生まれる新しい日常ー』

●「まちの生活インフラと防災ネットワーク」 鹿児島県鹿児島市桜島赤水町

鹿児島市桜島赤水町は、桜島の西部に位置するまちである。桜島は現在でも噴火活動が起こることがあり、火口付近である桜島赤水町では火山灰が降ることがある。灰が降ると灰を処理する必要があるが、灰専用のゴミ袋や灰捨て場など、降灰がある地域特有のマナーや施設が存在する。廃棄するだけでなく、お土産や名産品として販売することで灰を有効活用する取り組みも行われている。

KSGP 20066『灰で彩る桜島』

歴史的空間再編学生コンペ実行委員会

委員長	宮下 智裕	(金沢工業大学 准教授)
副委員長	熊澤 栄二	(石川工業高等専門学校 教授)
委員	山越 衛	(金沢科学技術大学校 建築学科長)
	馬場先 恵子	(金沢学院大学 教授)
	西野 辰哉	(金沢大学 准教授)
	丸山 大樹	(学生団体SNOU 代表/金沢工業大学)
名誉顧問	水野 一郎	(金沢工業大学 教育支援機構 顧問)
アドバイザー	坂本 英之	(金沢美術工芸大学 名誉教授)
	塚本 由晴	(東京工業大学大学院 教授)
	松田 達	(静岡文化芸術大学 准教授/松田達建築設計事務所)

事務局：金沢市 市民局 市民協働推進課　**企画・運営：**学生団体SNOU

学生団体SNOU

— Student Network Originated at Hokuriku Union —　略称：SNOU（スノウ）

北陸から発信する、“繋がりを深化させる学生団体”という理念のもと、2012年に金沢で開催された歴史的空間再編コンペティションと共に生まれ、今年で9年目を迎えます。北陸地方で建築・デザインを学ぶ学生が集い48名により結成されており、コンペティションを通して北陸の魅力、そしてその繋がりを全国に発信しています。

SNOUは、しんしんと降り積もる雪のように着実に経験を積み重ねることや、あらゆる人々が集まることで大きな力を生み出そう、という意味も込められています。

このようにさまざまな想いが込められ生まれたSNOUにより、学生たちの重なり合う想いが多くの人々に伝わっていくことを期待しています。

代　表	丸山 大樹	(金沢工業大学)
運営代表	上野 想朔	(金沢工業大学)
manager リーダー	足立 萌恵	(金沢工業大学)
planner リーダー	武田 真洋	(金沢工業大学)
designer リーダー	小林 真琴	(金沢工業大学)

SNOU

アーカイブ編集委員

リーダー
小林 真琴(金沢工業大学)
岩見 理奈(金沢科学技術大学校)
高山 未央(金沢美術工芸大学)
森 亮太(金沢工業大学)
堤 隆太郎(金沢工業大学)
狭場 悠(金沢工業大学)

「学生のまち・金沢」の推進と金沢まちづくり学生会議

金沢まちづくり
学生会議

金沢市では、学生の創造的で自主的な活動を支援することにより、金沢のまちに、にぎわいと活力が創出されるように、平成22年に「学生のまち推進条例（略称）」を制定しました。

この条例により組織された「金沢まちづくり学生会議」は、金沢市内及び近郊の学生で構成され、学生ならではのアイデアとエネルギーを活かして金沢市と協働で創造的なまちづくり活動に取り組んでいます。

毎年４月には新入生に金沢のまちの魅力を知ってもらうことを目的とした「OPEN CITY in KANAZAWA」を、9月には金沢学生のまち市民交流館の近隣商店街と連携した「まちなか学生まつり」を開催するなど、学生と地域をつなげるプラットフォームの役割を果たしています。「まちづくりがしたい」「あたらしいことがしたい」「つながりをひろげたい」と思っている学生はぜひ、ご参加ください。

〒920-8577　石川県金沢市広坂1-1-1
金沢市役所 市民協働推進課

問い合わせ
TEL:　(076) 220-2026
FAX:　(076) 260-1178
e-mail:　kyoudou@city.kanazawa.lg.jp

金沢学生のまち市民交流館

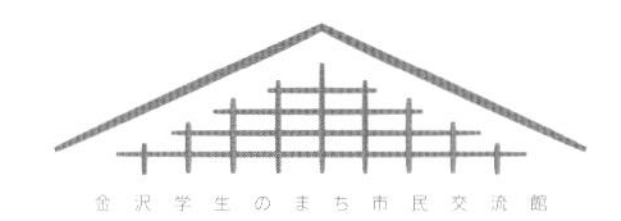

金沢学生のまち市民交流館は、まちなかにおける学生と市民との交流の場、まちづくり活動に関する情報交換の場などとしてご利用いただくことを目的に、平成24年9月に金沢市片町に開館しました。

この施設は、金沢市指定保存建造物である大正時代の金澤町家を改修した「学生の家」と旧料亭大広間の部材を用いて新築した「交流ホール」からなります。

〖学生が自らアイデアを生み出し、発信・実現するためのプロジェクト基地！〗

○コーディネーターがさまざまな活動の相談に乗ってくれます。
○多くの交流が生まれる開放的なサロンスペースがあります。
○会議、イベントなど幅広い活動の場として利用できます。
○学生団体の利用は無料です。

〒920-0981 石川県金沢市片町2-5-17
金沢学生のまち市民交流館

問い合わせ
TEL:　(076) 255-0162
FAX:　(076) 255-0164
e-mail:　shiminkouryukan@city.kanazawa.lg.jp

協賛企業

「歴史的空間再編コンペティション2020」にご協賛いただいた企業・団体をご紹介します。

［特別協賛］

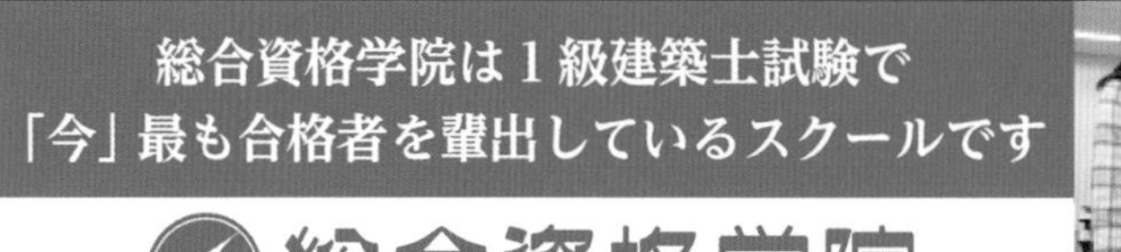

［協　賛］

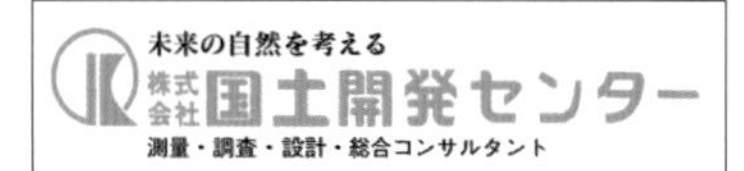

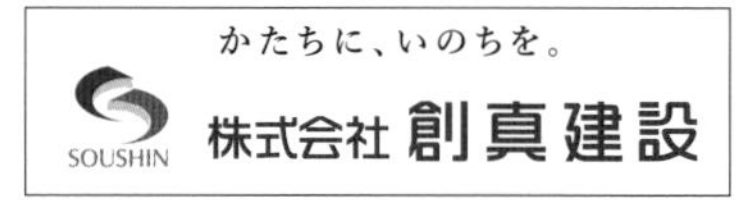

株式会社 日本海コンサルタント

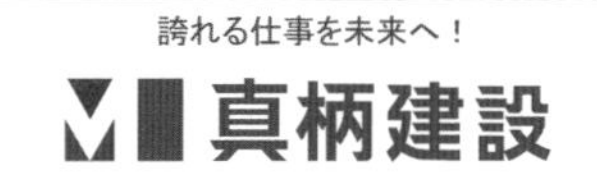

家づくりは対話の積み重ね
玉家建設

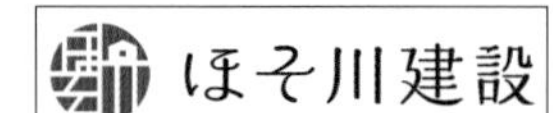

株式会社 本田工務店

MIZUHO みづほ工業株式会社

信頼と誇りの企業品質。
村中建設株式会社

（一社）石川県建築士事務所協会／（株）五井建築研究所／（公社）日本建築家協会北陸支部／
（株）ハヤシ創建／松井建設（株）／ヨシダ宣伝（株）

かたちに、
いのちを。
SOUSHIN
株式会社 創真建設